路之歌

刘书贤 著

敦煌文艺出版社

图书在版编目（C I P）数据

路之歌 / 刘书贤著 . -- 兰州 : 敦煌文艺出版社，2020.7
ISBN 978-7-5468-1924-2

Ⅰ . ①路… Ⅱ . ①刘… Ⅲ . ①诗集－中国－当代
Ⅳ . ① I227

中国版本图书馆 CIP 数据核字 (2020) 第 125023 号

路之歌
刘书贤　著

责任编辑：杜鹏鹏
装帧设计：薛红冉

敦煌文艺出版社出版、发行
地址：（730030）兰州市城关区读者大道 568 号
邮箱：dunhuangwenyi1958@163.com
0931-8773114（编辑部）
0931-8773112　8773235（发行部）

河北盛世彩捷印刷有限公司印刷
开本 880 毫米 ×1230 毫米　1/32　印张 14　插页 0　字数 268 千
2020 年 7 月第 1 版　2020 年 7 月第 1 次印刷
印数：1 ~ 1000

ISBN 978-7-5468-1924-2
定价：50.00 元

目录

又一个白昼降临了

又一个白昼降临了，
东方的太阳又将升起。
大自然永远富足而慷慨，
日月不减它的光辉！
万物写成的永恒的颂诗，
又要我的醒魂忘情地欣赏，
光彩形象的运动之美，
又将陶冶铸造我的灵魂！
我又将披着灿烂的曙光，
投入万有的友爱的行列，
献出生命的智慧和热情，
参加对永恒的激情的歌颂！
啊，崭新的一天充满光明与爱，
时代的奇迹遍地涌现，
我也将获得新的生命，新的信仰、理想，新的世界，
和歌唱文明进化的神圣劳动！

1979 年夏

秋日的夕阳照耀大地

秋日的夕阳照耀大地，
气象静穆，雄浑而辽阔。
我骋目遥望远山、浩空，
流光游云醉我魂魄，
我陪同夕阳俯瞰万有，
混淆的大自然千变万化，
永保健美的是永恒的大地，
它吞化腐朽，生生不绝！

1979 年

那在高空盘旋的雄鹰

那在高空盘旋的雄鹰，
往古也曾混居林莽，
朝夕与群鸟喧闹杂处
劲翱不做远程的飞翔。
这世界屡屡发生沧桑，

风暴虐杀懦弱的纯良，
它渐渐省悟到要主宰生命。
必须有远飞高举的力量！
从此它不再与燕雀争食，
不再迷醉林鸟的吟唱，
夜梦常随星电奔走，
明眸一片无垠的穹苍！
风暴每次重新袭来，
它驾驭风云振翅高扬。
它的歌声变成霹雳，
与太空的惊雷一同回荡。
乌云消散惠风和畅，
太阳散出灿烂光芒，
这时它渴饮着浩瀚的天光，
翅膀划游在光的海洋！
天光交织的宇宙空间，
星群环绕更大的太阳，
为了让生命沐浴到更炽热的光华，
它又在向更深远的空宇远航！

1979 年

唱吧，唱吧，歌唱家

唱吧，唱吧，歌唱家，
祖国的歌唱家，人民的歌唱家，时代的歌唱家。
你热情地唱吧，自豪地唱吧，幸福地唱吧，骄傲地唱吧。
你的歌，你的心，你的激情，你的青春烈火。
应该这样热烈、高昂、宏阔、激越。
应该深情无限地对着高山、大海、森林、大漠、城市乡村和祖国的辽阔的苍穹。
不倦地歌唱，日夜地歌唱，像汹涌的海涛、奔腾的江河，音量无穷，情滔不竭！
啊，你的歌是时代之歌，祖国之歌，人民之歌，英雄之歌，伟大领袖的事业之歌，人类文明的信仰之歌。
你的歌迸涌着日月的光热、风云的气势、大地的运生、时流的幻化。
你的歌的美与力量是这进化的大时代的心声的迸发！
啊，唱吧，唱吧，歌唱家，
祖国的歌唱家，人民的歌唱家，时代的歌唱家。
你的歌应该这样热烈、高昂、宏阔、激越。
并深情无限地对着高山、大海、森林、大漠、城市乡村和祖国的辽阔的苍穹。
像汹涌的海涛、奔腾的江河，音量无穷，情滔不竭！

1979 年

太阳啊，你今天为新的时代升起

太阳啊，你今天为新的时代升起，
你的光辉多么灿烂！
你那万古永新的光热，
以怎样的魄力拥抱人寰！
你为了挖掘万有的潜力，
无穷地散射光明和温暖，
暖透众星，照彻诸天，
让运动的奇迹刻刻呈现！
啊，唯有你能洞察大化的幽微。
唯有你主宰万国河山，
你把大自然的铁的规律，
巧妙地写入生命的诗篇！
啊，你推动着宏伟的事业前进，
战胜一切腐朽的阻拦。
永唱新生事物的颂歌，
驾驭着人类历史的航船！
啊，今天你从东海升起，
为世界带来新的纪元，
我的祖国也以崭新的面貌，
欢迎你速来建世上乐园！

啊，磅礴的太阳啊，
照耀大地，鼓舞大海永恒地奔腾吧，
沐浴你的光华的人类世界，
要用你的光热建造人间天堂！

1979 年

黎明的曙光

黎明的曙光还未降临，
司晨的雄鸡遍地争鸣。
山河回荡着高亮的晨歌，
旭日在歌声中冉冉上升！
歌唱新生的时代的诗人，
胸中有炽烈岁华的激情，
他们为人类献出的黎明之歌，
千秋万世激荡心灵！
啊，伟大的祖国啊，你在晨光中欢笑吧，
朝阳升起灿烂光明，
人民高唱着黎明的颂歌，
奔赴理想，走向新生！

1979 年

星空

每个夜晚到来的时候，
我都爱仰望无垠的星空，
因为它充满了奥秘的诱惑，
它总是吸引我耽于幻想的心灵！
今晚我看祖国的星空，
突然又有新的感受，
我感到整个星空是一朵花，
灿烂、辉煌、幽艳玲珑。
啊，这样一朵永恒、神奇的花儿，
好像它在与大地之花并蒂盛开，
把人裹在花的怀里！

1979 年

祖国的北方有三条长城

祖国的北方有三条长城，
三条长城同时并存。

一条长城蜿蜒高踞在雄伟的群山之巅，
它是伟大祖国的历史的威严！
另一条长城是钢铁长城，
它埋着焚烧侵略者的火焰。
它是世界和平的堡垒，
护卫着人类文明的航船！
第三条长城是绿色长城，
宏伟蓝图刚刚画完，
浩大工程即将开始，
建设大军已经动员。
它是保卫祖国的新的战线。
它的形姿雄伟、壮观。
它的战斗力不只来自国民的汗血，
也来自大地，来自浩天！
从东到西横穿北国，
高踞冰峰低跨海湾。
挥手驱退塞北风雪，
立足踏碎万年沙原！
它将主宰塞北风雨，
经营无边牧场、粮田。
使果园的花果四季芬芳，
让戈壁滩上百鸟鸣啭！
啊，新的长城，绿色的长城，
千里万里林木参天，
它使历史长城更加巍峨多姿，

使钢铁长城斗志益坚！

1979 年

英雄纪念碑

英雄纪念碑像一柄宝剑，
寒光照彻无垠的苍天，
净扫所有的时代乌云，
捍卫祖国的壮丽河山！

英雄纪念碑像一支诗笔，
书写着伟大祖国的史诗，
所有时代的爱国志士，
名字都被它刻在天际！

英雄纪念碑像一只火炬，
八亿人民将它高举，
它永恒地燃烧在祖国的晴空，
为伟大民族照亮征途！

1979 年

真理的太阳啊，你照耀吧

真理的太阳啊，你照耀吧，
你这照耀人类的另一颗太阳！
你的光焰光亮而温暖，
只有你能暖透我们的心房！
啊，生命如果失去了你的光华，
人生之路幽暗而凄凉。
民族得不到你的照临。
只能在罪恶不义中走向衰亡！

真理太阳啊，你照耀吧，
你这照耀人类的另一颗太阳！
你的热能无穷无竭，
你的光焰万世辉煌！
你永远是太空日月的伴侣，
你永远是青春生命的心脏。
所有的光明靠你哺育，
文明的花树由你培养！

啊，真理的太阳啊，你照耀吧，
你这照耀人类的第一颗太阳！

你能驱走所有的时代黑暗，
你能暴露所有的伪诈、虚妄，
你能拯救国家和民族，
你能把万恶的国贼埋葬！
是你为人类绘出未来宏图，
让历史在大地上建起天堂！

1979 年

祖国啊，当你把我引向光明

祖国啊，当你把我引向光明，
让我过上真实的生活，
我幸福的热泪日夜涌动，
我胸中激荡着狂奋的热血！
伟大的祖国像上升的太阳，
为生命散射无穷的光热，
为民族展示出美好的生活画面。
使我们视野高远、胸怀宽阔！
她要我们为更美更高的理想献身，
为人类创建更伟大的勋业，
把人的尊严推举到新的高度，
使文明的光辉永照山河！

啊，伟大的祖国，我向你宣誓：
我要把生命化为你的精魄，
让它永远奋战在人民的事业之中，
千秋高歌神州日月！

1979 年

时间的形象

时间，什么是时间的最美的形象？
是水？是火？是风云？太阳？高山？大漠？林涛？沧海？
是历史遗迹？鏖战的沙场？
也许是飞翔的无穷的电波？
抑或是永恒地运动的天光？
啊，不！最美的形象，时间的形象，
是人类智慧和劳动创造的文明的画卷——光辉的历史，
那上面开满了理想之花、幸福之花、智慧之花，
永恒地放射着所有永葆青春生命的伟大灵魂的爱憎的光芒！

1979 年

到大自然的怀中去吧，诗人

到大自然的怀中去吧，诗人，
去迎接那苍穹刮来的天风，
去啜饮那周流四方的天光，
去挹取那虚受河山的岚烟雾虹！
那千古英烈捍卫山川的豪壮情怀，
化为宇宙的镇世遗风，
守护着壮丽河山的精魄，
与万代伟人同奔征程！
你用它去洗除浮生烦忧吧，
让它去纯洁你的血诚，
你的心魂受到大自然的洗礼，
才能收受大国的光明！

1979 年

当我听到……

当我听到北京图书馆天天座无虚席，
青年们在顽强、持久地读书用功。

我的心情无比激动，
因为我仿佛看到祖国的心脏里青春的热血在奔腾汹涌！
啊，伟大的事业后继有人，
万里河山育满青松，
理想的种子在一代代萌芽、成长，
宇宙的探宝人志在有成！
这是照耀未来的磅礴的朝阳，
是文明大厦的不朽梁栋，
是历史航船的得力舵手，
是主宰乾坤的治世英雄！
他们用另一种旋律歌唱祖国。
用另一种春风温暖神州的大地、苍空，
用另一种色彩点画祖国的壮丽山川，
用另一种形势表现人类事业的远大前程！
如果全国的图书馆都能如此，
哪颗心不孕育崇高的智慧和神明，
我们的祖国将开满科学之花、艺术之花、文明之花，
每一个角落都有理想的笑脸、幸福的歌声！
啊，当我听到北京图书馆天天座无虚席，
青年们顽强、持久地读书、用功，
我的心情无限激动，
因为我仿佛看到祖国的心脏里青春的热血在奔腾汹涌！

1979 年

黎明

黎明将至，晨鸡啼鸣，
左邻右舍，啼声不停！
我凭着我的心灵的耳朵，
瞬息间听遍了全国所有晨鸡的啼声：
从东到西，从南到北，
连成一片，高亢奋猛，
这震撼山河和天宇的合唱，
多么激扬神州的心性！
听，乡村、城市、田野、道路、工厂、矿山、草原、
林莽、河山、大漠，一碧长空……
在醒来，醒来，奋激地醒来，
像听到了晨钟，听到了白昼出发的号声，
让旭日检查自己的行装，
去完成新时代赋予的神圣使命！
啊，历史有多少自然昼夜，
新生的文明在晨光中苏醒，
艺术之花，文明之花啊，
愿你永开在十亿人民圣洁的心中！

1979.10.18

花

明丽的花儿，鲜艳的花儿，
你为什么这样美?
你为什么有这样美的色、美的香、美的形象、美的丰韵?
为什么这样使人心醉?
啊，也许因为你是太阳的梦、大地的理想、苍穹的魂儿、大海的信仰，
你是热恋的情人互献的礼物，
有无限情思涌动在你那欢腾的心脉!
啊，是整个宇宙将你哺育，
万物为你酝酿精粹，
丹青名手，歌唱大家，不朽的诗神，
也都把他们性灵的珍宝、纯洁的爱，
无限深情地呈献给你，
让你的生命永恒地保有圣洁与美!

1980.1.5

冬天的歌

门窗外面，风在飞驰，
树枝呼啸，枯叶窸窣，
荒寂的山村在狂风中战栗！
山溪已经接近枯竭，
尘沙盘旋在多石的河底，
山阴的残雪陪伴着衰草，
甘做丛岭的寒甲冰衣！
路上行人已经消踪，
严闭的门窗关着暖意，
只有雄鸡的啼声送向太空，
把生之豪情献给大地。
啊，这时我仿佛重又看到，
山顶上有一个人影屹立。
他的斗篷在风中飘动，
他微昂的头颅凝对天际，
他把雄伟的河山纳入眼底，
崇高的激情来自无极！
远天风云，大海狂潮，
在酝酿他那豪壮的心律！
啊，伟大的诗人，人类的骄子，

你生之浩气永侔天地，
你那体现万世不朽的人类的精神，
是时代留给永恒的神祇!

1980.1.6

赶路

我在旷野里赶路，
朝着既定的方向。
身畔没有友伴，
常有险难，祸殃。
为了慰我的心魂，
我沿路放声歌唱，
歌唱大地日月，
歌唱人世沧桑。
道路继续开拓，
新歌随时酝酿，
时光留下足印，
歌声战胜死亡。

1980.1.9

歌声与幻想

深沉的歌声在空中回荡，
我的灵魂也展开了无形的翅膀，
幻想随着歌声的旋律，
在祖国的上空深情地翱翔！
啊，祖国啊，你多么辽阔，多么富丽，
你永恒的河山怎能测量，
不管歌声飞得多么遥远，
不管幻想多么辉煌、豪壮，
它们总不能穷尽你所拥有的深广的境域，
也总不会探清你为未来孕育的生命的宝藏！

1980.1.16

咏美

我的心中有一团烈火，
这团烈火永燃不熄。
它是我生命的不朽之魂，

也是我生命的神圣的脉息！
我永远为它生存、奋斗，
永远把它奉为神明，
不管命运把我驱向何方，
它永是我的主宰和皈依！
啊，诗人们为它奋斗终生，
在它的光华中创造史诗，
只有它能体现生命的真谛，
只有它能把人类世界化为神祗！

1980.1.19

动人的旋律啊

动人的旋律啊，你带领我，
带领我去游历那最美的世界，
那鲜花盛开的世界，
那奇峰争秀的世界，
那海浪奔腾的世界，
那林涛歌舞的世界，
那夕照渲染静穆的苍宇、深沉的大地，
使伟大灵魂沉思永恒和未来的世界！
啊，少年的理想，青春的梦，

生命的皈依，灵魂之星，
应该在祖国的晨曦中重新呈现它们的盛容、它们的美了，
让它们向宇宙、向未来、向冥冥中的存在宣告：
人的灵魂、人的生命必须融入文明的星空。

1980.1.22

现在又回来了，我歌唱的年华

现在又回来了，我歌唱的年华！
那热血沸腾的青春年华！
我的心中充满了热情，
面对着世界，面对着生活！
那青春岁月的和暖的日光，
那美梦一般的明月、鲜花，
那醉人心魂的狂歌曼舞，
那雄伟河山的绮光秀色，
依然弥漫着浓郁的诗意，
鼓舞我的心灵高歌！
啊，我还是那样崇拜至美，
还那样信仰真理、高洁，
对着理想的光影狂舞，

把生命的忠贞献给日月！
啊，青春年华，歌唱的年华，
我把你献给永恒的祖国，
伟大的中华青春永在，
我的生命也将永燃青春烈火！

1980.1.26

你像一个艳丽的蓓蕾

你像一个艳丽的蓓蕾
在黎明的曙光中静待开放，
当万有的眼睛对着你闪射出称赏的目光，
你含羞地低下头，
幸福地压抑着心血的激荡！
光灿的朝阳从东方升起，
强烈的热与光洒满天壤，
你的心魂突然感受到一股生的激流在血中沸腾，
啊，对着旭日，你昂起头颅，
两眼中闪射出燃烧的灵光！

1980.4.12

我在山谷中漫步

我在山谷中漫步，
谷中一片沉寂！
夕阳的余晖在天宇燃烧，
苍山在暮景中庄严而静穆！
面对茫茫人世，
我深埋起自己的心曲，
永恒的群山在日落之后，
也将把无限诗情融入月华星辉！

1980.4.14

咏春

奔驰的汽车上山又下山，
一会儿过河，一会儿走滩，
更多的是穿过无数的山村，
和围抱山村的叠嶂层峦！
我贴窗眺望山河美景，

山重水复丰姿秀艳，
一时是李树林一片雪白，
一时又桃园粉红满眼！
各种花树争相招引，
依依杨柳似摇翠的烟岚！
啊，我不必乘坐神奇的飞车，
把祖国的山山水水跑遍，
也可以幸福而自豪地断言，
现在已是春满人间！

1980.4.20

致青年

年轻的朋友们，请你们记取，
你们是当代的宠儿和富豪！
世界上最宝贵的财富为你们所有，
你们最有权赢取艰巨劳动的无上荣耀！
你们奋力挖掘岁月的宝藏吧，
不要虚度一分一秒！
那分分秒秒的奋斗之光啊，
将光照人寰，将把奇迹创造！

生命

如果把生命比作太阳，
有清早、中午，也有黄昏，
那么，我的生命已过了中午，
它正在向暗淡的黄昏沉沦！

但生命如果真似太阳，
它本身将没有昼夜升沉，
它那永散光热的质体，
在无垠的天宇永恒地前进！

1980.5.13

祖国河山

当我面对巍峨的高山，
心中便产生崇敬之情，
因为我看到为祖国献身的历代英雄们，
现在仍然坚守着岗位，

顶天立地，威姿峥嵘！

当我面对大河、长江，
心潮便江水般汹涌、激荡，
因为我听到古往今来的爱国诗人的忧国心音，
化为涛声，千古悲壮！

祖国的苍宇灿烂辉煌，
文明之船行驶在光的海洋，
代代伟人为航船掌舵，
历史勇进，永不迷航！

1980.5.16

晨歌

当我推开门窗，
朝阳已经升起，
广阔的世界展现在面前，
光明的天空，光明的大地。
我深深地呼吸这春晨的气息，
我向新生的白昼深致敬意，
新的时代的旋律在祖国的天空涌流回荡，
文明之花越开越绮丽！

啊，我的生命溶入这光的世界吧，
让我为新春酿一份浓郁的香气，
那鲜花当有我的诗魂的奇彩，
时代的乐曲中也应有我的情思的律吕！

1980.5.16

楼上的盆花

不管我从哪一幢宿舍楼旁走过，
都看到层楼的阳台上摆满了盆花。
花儿深情地向宾客和行人微笑、致意，
更为主人增浓了生活的芬芳、理想的光色！
这鲜花温暖着旅人的心魂，
它为人们绘出了光明的时代、春天的祖国，
它显示着所有的人都在和平与劳动中建设友爱，
创造未来，
都在用光色赞美诗一般的生活！
啊，我望着万紫千红的盆花，
不禁产生了另一种幻觉：
我看到朝夕向鲜花致意的勤劳的人民，
都有无限纯洁而美丽的心灵之花！

1980.5.20

山村姑娘

今天，姑娘们挑着一条条扁担，
把肥料一担担送往云天，
明天，姑娘们又挑着一条条扁担，
把米粮从云天担到人间！
那洒在路上的一颗颗汗珠，
变为宝石，荧光闪闪，
用宝石铺成的幸福之路，
通往未来，金光璀璨！

1980.5.24

宝藏

天宇是无穷的光的宝藏，
大地是无穷的生命的宝藏，
人类是无穷的情爱的宝藏，
大宇宙是无穷的美的宝藏。
我的灵魂啊，
你应是光的宝藏，生命的宝藏，

情爱的宝藏，美的宝藏，
创造新世界的精神的宝藏！

1980.5.26

理性之歌

灵魂中有一把无形的剪刀，
像园艺家手中的剪刀一样，
它使荒枝纷纷落地，
让果枝在母体上葱郁地成长。
这剪刀就是崇高的理性，
它蕴蓄着爱憎的无穷力量，
它永恒地捍卫着高洁的生命，
使文明的星空灿烂辉煌！

1980.5.30

山花

一株山花在幽谷中开放，

颜色艳丽，气味芬芳，
她是世界生命的呼吸，
她是宇宙的纯洁的信仰！
世上有多少这样的花儿，
自开自落，来去渺茫。
是她们表述自然的真谛，
人间采不尽生命的宝藏！

1980.8.15

我深情地望着你

我深情地望着你，祖国的山河，
有多少心中话要对你陈说，
你蕴藏那么多迷人的至美，
那么多空间的雄伟、壮丽、深远、空阔，
那么多文明的宝藏、诗的生活！
啊，多少人用崇高的理想、纯洁的情爱歌颂你的永恒的光辉，
多少人用他的丹心碧血，
永世捍卫着你的高节！
你一代代哺育神州英魂，
为中华造就豪英、圣哲，

你在大地上洒满了母爱的种子，
让民族的英气永伴日月！
啊，我偎在你的博爱的怀中
自由的魂梦得到升华，
我饱饮你的历史乳斗，
生命的前景光明、远大！
啊，祖国的山河，美丽的山河，
我将用全部的生命力为你高歌，
如果我在你的怀中永恒地安息，
我的幽魂，
也将因你的情爱而永保圣洁！

1980.8.15

灯海

夜里，我站在山巅，
俯瞰山城。
灯啊，那闪闪烁烁的无声的灯海啊，
在我的眼前展现出一片神秘的美景！
黄色的灯，红色的灯，绿色的灯，白色的灯，
密密地聚集，又独特地闪光，
每一片空间都被照得幽远莫测，

每一片空间都有诗的遐想和憧憬……
啊，那特亮的灯高处和低处都能显示出有力的光华，
那中型的灯啊，远远近近都在散出深情，
而较小的灯是那样繁多、那样稠密，
它们填满了大灯之间的所有空隙，
它们几倍几百倍地加强了灯海的光明！
啊，还有，还有，
还有那更多的看不见的小灯，窗帘罩起的灯，它们也在这灯海里热情地照耀、自豪地辉映。
难道不是在它们的光照下跳动着民族的脉搏，永醒着时代的灵魂？
就在它的光照中智慧在前进，真理在探索，美神在创造，人类在长征！
啊，灯之海啊，人之海，劳动的波涛，进化的火炬，
让每一个为祖国的建设忘我地工作和学习的公民，
都幸福不倦地在你的怀抱里把生命化为照耀人类历史的永恒的星座，
像那白昼的太阳，
像那比太阳更大的夜中的明星！

1980.11.15

纪事

今天，我没有登上岱岳之巅骋目八荒，今天，我没有站立在长城上观览北国风光，
今天，我没有在古堡里怀古、访幽，
我没有在大海里乘风破浪！
荒漠上没留下我的脚印，
雪山顶未载浮我的畅想，
幽泉边没走动我的游屣，
闹市风没吹拂我的面庞！
但今天我走了一段最美的人生之路，
我的心接触到友爱的光亮，
理想唤醒了我的青春激情，
我又为人世歌唱未来和希望！

1981.8.18

漫步抒情

课间我在校院里漫步，

檐下的鲜花在静静地开放，
滢洁的花冠争艳斗妍，
眼前的世界宽阔而明亮！
突然我昂首凝望南山，
南山的青松郁郁苍苍，
这又使我联想到匡世英杰，
劳瘁的身心顿感清爽！
此时我不禁低头寻思，
寻思我心中孕育的思想，
啊，愿我的灵魂像鲜花一样圣洁、美丽，
愿我的精神像青松一样坚贞、昂扬！

1981.9.19

蓝天

现在，我越来越爱头上的蓝天，
不只因为它可以供日月万古升沉，
可以让璀璨的星月运转，
可以给人类托出万世常新的朝华夕晖，
可以让自由的风云千秋舒卷，
更重要的是它能随着无穷的岁月的季节变迁，
把春华秋实撒满人间！

雨雪霏霏的非常时刻，
它也不绝人世光暖！
一旦岁时酝酿风暴，
乌云把山河埋入幽暗，
它会唤醒天外霹雷，
把阴霾化为雨露甘泉，
啊，更多的时日它虚怀若谷，
让人类孕育未来的光熠，
任伟大的灵魂自由驰骋，
任理想的羽翼向高远飞旋，
凡是踏上征途的拓荒者，
无不珍爱它的深远，
只要伴同着天光不屈地奋进，
自能到达光辉的明天！

1981.9.12

现实世界

如果我能像太阳一样，
高高地运行在无垠的昊天，
那该多美啊
全世界所有的奇山秀水，

人类创造的千古壮观，
都可以映入我的眼帘，
都可以纳入我的胸间！
欲望正在梦幻中陶醉，
理智的灵光突然发言：
“人啊，你多么迂阔，多么愚昧，
你有无限神秘，无限深广的心灵世界，
只要你满怀信仰，充满爱情去感受，探索，
就在你眼前的现实世界中也写不尽的生命美的诗篇！

1981.9.14

太阳把岁月带给世界

太阳把岁月带给世界，
太阳把光带给世界，
我在光中看到了大自然的形象、万物的形象，
我在光中饱览人间至美！
是光引导我向空间探索，
是光体现时流的指归，
是光为我显示青春生命的无限魅力，
光能把灵魂的热情与爱融入我的激荡的心脉！
没有光便听不到大自然的歌声、人类的心音，

没有光，纯洁的心灵会在窒息中破碎，
没有光的世界是鬼穴魔窟，
没有光的世界人人自危！
啊，让我永远在光中生活，
让光给我带来爱的陶醉，
只有光能唤醒我们的生命的活力，
只有光能给爱着的灵魂带来抚慰！

1981.11.8

每向地下深掘一层

每向地下深掘一层，
都会寻到新的源泉。
每向宇宙空间探索一步，
都会发现新的光源！
生命就是这样成长，
世界就是如此浩瀚，
拓荒者的歌声伴随着所有的时代
人间写不尽生命的诗篇！

1981.11.17

永恒啊，请你向我显示奇迹

永恒啊，请你向我显示奇迹，
请你为我的生命编织颂诗，
我知道你向我展示的万事万物，
都充满了美善，都孕育着生命的无限神奇！
你塑造我的爱美的灵魂吧，
你纯洁我的探索的目光吧，
你令出现在我面前的每一个形象，
都射出照我未来的灿烂光华！

1981.11.21

夜夜醒来，我都在黑暗中听到

夜夜醒来，我都在黑暗中听到
枕畔的手表发出窣窣的声音。
就像一只偷吃东西的耗子，
在不停地啃食人们忘记收拾的食品！
啊，我已经领悟到这声音的含义，

它是在配合现实中的腐气、庸氛，
一刻不停地将我的生命吞吃，
吃我有形的肉躯，吃我无形的灵魂！

1981.11.23

文明之路

我脚下踏着蜿蜒的公路，
车流人流汹涌如潮，
公路两旁伸向两极的电线，
又为电流架起有形的跑道。
电线杆顶端指着的天空，
驰驱着风云，翱翔着飞鸟，
光的激流并日月驰骋，
夜夜驱迁着人世昏晓。
在夜灯不能涉足的苍旻，
明月星辰为不朽高蹈。
银河系内外的所有天体，
都在为永恒运行、照耀！
啊，辽阔无垠的宇宙空间，
囊括了万有的消长之道，
还有一条无比奇特、无比神秘而无限迷人的人类历史的

文明之路，
对热爱生命善于思考的世人，
它永远得探索、开拓、永恒地去创造！

1981.11.24

时过午夜，我已梦醒

时过午夜，我已梦醒，
总听到雄鸡喔喔啼鸣。
造物主授予它这种本能，
夜中能直觉到太阳的行程！

人类素称万物之灵，
秉有理性、智慧、思想、感情。
但冥冥中又有另一批主宰者，
使他们有的降为奴仆，或变为妖魔，
有的成为圣哲、升为神明！

1981.11.26

如果你看到一朵鲜花

如果你看到一朵鲜花，
或者看到一枚果实，
你应该想到山河纵横的辽阔的大地，
和日月驰骋的无垠的天宇。
只有让生命之根深深地扎进吞化腐朽的古老的大地，
让忠贞的枝叶永向着灵幻莫测的光明的天际
花与果才能得到生命的滋养，
宇宙才能秉有远化的神奇！

1981.11.30

每一个光源发出的光华

每一个光源发出的光华，
都尽量向天地四极射去，
它的本性是驱除黑暗，
悭吝就是自寻绝路！

为什么万物都向太阳?
天体为什么载光驰驱?
因为光的世界生命常新,
光为万有开拓生路!

1981.12.3

朔风怒吼，雪霰纷纷

朔风怒吼，雪霰纷纷，
山河变容，光暖消遁，
严冬横空施展威严，
茫茫尘寰寒气逼人!

而我面对着冰雪世界
却无限欣赏，精神振奋，
并且悟出了一条哲理:
逆境里存不下怠惰的游云!

1981.12.3

午夜醒来，我瞪视着黑夜

午夜醒来，我瞪视着黑夜，
我想与夜的世界对话。
夜神无声地凝望着我，并摆一摆手，
要我理智地再在她温暖的怀抱里安静地睡下。
啊，不！
我的身后还有一个麻木与愚昧的更深沉的黑夜，
它与死神沆瀣一气，
要把我送入再无苏醒之日的永恒的长夜！

1982.3.18

春天，使万物更生

春天，使万物更生、百鸟歌唱，
使天宇弥漫生命的芬芳。
你也把诗的种子撒在我深沉的心怀中，
让它在爱的沃壤中萌芽、成长！
这种子不只是时代的希冀，

也是旧时积蓄的光亮，
它把新生带给我的灵魂，
让我又一次战胜死亡！

1982.3.18

每夜醒来，我都要寻找

每夜醒来，我都要寻找，
寻找我的灵魂的形象！
白天我面向着浩空的太阳，
夜中我面向着星辉月光，
陪同着山河，陪同着海洋，陪同着喧嚣的城市、村庄，
每天醒来，我都寻找我灵魂的形象！

1982.3.20

运行于高空的灿烂的太阳

运行于高空的灿烂的太阳，
曾照耀过多少伟人、先驱，

鼓舞多少贤哲、俊士，
战胜灾困、创建奇迹！

当今它又在我们头上照耀，
光华的能量不减往昔，
是否随着人世阨困的加重，
它又赋予我们的生命以更深的含义？

1982.4.15

黑暗紧紧地追随着光明

黑暗紧紧地追随着光明，
塑造气象万千的世界，
与世并存的罪恶不义，
使美善与真理焕发出异彩！

我胸中郁结的重重愁云，
为灵魂酝酿高尚的欢爱，
坎坷世路的最终目的，
是把生命升华为永恒的存在！

1982.4.15

白昼在我的面前铺上了曙光

白昼在我的面前铺上了曙光，
这曙光比天宇还要宽广，
即使我用出所有的智慧，
也不能将人世的曙光度量！

为了开拓人生之路，
我把曙光视为引路的师长，
依靠它的友爱和睿智，
我步步接近理想之邦！

1982.4.16

我脚下踏着的土地

我脚下踏着的土地，
多么美丽宽广！
自古来它改变多少主人了，
现在它又归于人民和太阳！

我在这土地上耕耘，
我在耕耘中歌唱，
我的生命，土地的生命，
共同为岁月献出爱的宝藏！

1982.4.17

大地永远是幸运的

大地永远是幸运的，
白天有阳光为它普照，
黑夜有星月为它求索，
虽然有风暴有时带来天宇的阴霾，
但更多的是甘霖，是节序的音乐！

啊，大地永远是幸运的，
它生命的活力永无枯竭，
那在地下织成的泉流之网
使它永葆青春美色！
所有未来生命的种子，
都为它贡献信仰的花果！

啊，大地永远是幸运的，

它无限富有，又永恒地施舍，
任何时代都有它的辉煌业绩，
任何国度都为它谱写颂歌！
一旦它遇上不幸的时日，
人类又献出永新的碧血！

啊，大地永远是幸运的，
它能砸碎一切时代枷锁，
只沿着宇宙进化史的道路前进，
既不消沉，也不堕落！

1982.4.20

推开窗子骋目眺望

推开窗子骋日眺望，
眼前是生意浓郁的河山。
这时我突然陷入深思：
我怎样才能不辜负这一派河山？
这承受风雨寒暑的河山，
这与千古相守的永新的河山，
这哺育无穷生命的河山，
这弥漫着时令的芬芳的河山，

这组织着光的流彩的河山，
这充满了运动的节奏的河山，
这回荡着生命的旋律的河山，
这载负着时代的悲欢的河山！
啊，这河山就是我生命的摇篮，
这河山就是我信仰的圣坛，
这河山陪同我走向神圣的未来，
这河山授予我情思的宝藏、诗的灵感！
我不只从它获得灵魂的天光、青春的脉搏，
我不只从它获得美的皈依、爱的系依恋，
我不只从它汲取理念的滋养、意志的魄力，
我不只从它掬饮永无枯竭的智慧的流泉，
它还用天风荡涤我心中的污秽，
用地脉解除我生命的疲倦，
用自然之果疗我饥疫，
用美的现实织我信念……
啊，我像日月一样在此作超然神游，
我的明眸幸福地观赏万汇大千，
全是这窗外河山的母爱的施与啊，
我怎样才能不辜负这一派山河？

1982.6.23

夕阳落入西山

夕阳落入西山，
群山一色青碧。
天空染有夕晖的云霭
笼罩着生气沉郁的大地。
我面对着苍茫的远山，
陷入了深沉的遐思：
我的灵魂啊，
你在沉重的暮色里向远方飞翔吧，
无边山河的幽寂全归于你！

1982.6.27

在我阅读昨天的诗稿时

在我阅读昨天的诗稿时，
发现了一丝刚落的玄发，
这玄发带给我一丝安慰——
我的生命还没有压上迟暮的年华！

但马上我又敏感地意识到：
这也意味着盛年的诀别，
这无疑是一个霹雳般的警告：
生事再不允岁月蹉跎！

1982.6.27 晚

我在广原上听过布谷的歌唱

我在广原上听过布谷的歌唱，
我在深山里听过布谷的歌唱，
不管在哪儿听到布谷的歌声，
我的思想总随着不羁的风云驰骋穹苍！

啊，世上的鸟鸣有千万种，
何以独有布谷的啼鸣有这种神奇的力量，
是否因为它的歌里溶有世上劳动者的歌声的旋律，
或因为它是苍穹的精灵——
视野高远，胸怀宽广？

1982.7.6 晨

每一个白昼的黄昏

每一个白昼的黄昏，
我都散步于野外，
我把夕阳投给天空和大地的最后的光辉，
无限珍惜地收入我的胸怀！
这光辉里囊括万有的痴情，
这光辉体现太阳对人世的深沉的情爱，
我用它升华日中尘纷，
用它谱写生命的和美！

1982.7.12

我喜欢诗

我喜欢诗是因为天上有光辉的太阳，
我喜欢诗是因为地上有无尽的鲜花，
我喜欢诗还因为人类心灵中有情思的烈火！
当黑夜降临，鲜花凋残、心灵遭受绝望的折磨时，
我喜欢诗因为它能使太阳再升，春花重开，魂梦复苏，

人世依然充满光色与圣洁!
啊，我喜欢诗是因为诗里有宇宙的无穷奥秘!
我喜欢诗是因为诗里有神圣高尚的自为的自我!
只要与诗为伴我就能挽着宇宙的手臂昂首前进，
只要诗存我心我就能把握纯洁的爱，真实的生活!

1982.7.18

大海

大海，每当我想起你，
我就想起了另一个世界!
想起普希金、拜伦、泰戈尔、惠特曼，
想起荷马、塔索、但丁、雪莱，
想起萨福的爱情颂歌，
想起莎士比亚的千古情怀!
还有希腊诸神的自由生活，
历史英雄的风云集会，
航酒家的历险奇迹，
岛国居民的欢乐与悲哀!
啊，大海，
多少人驾着你的狂浪征服生活，
多少人像你一样狂热不羁、永不屈服于无常命运的

风暴与死难，
把命舟投入浪峰之中，
驶向远天，开拓未来！
啊，大海，
每一个时代都有你的不朽的颂歌，
每一个民族都享有你的深沉的抚爱，
每一个国家都体现着你的不竭的生命力，
每一个伟人都秉有你的气质和风概！
啊，哪一曲感人的生活之歌，
主旋律不连着你的心脉！
哪一轴生动的历史画卷，
不浓染你的沉郁的色彩！
你是光明日月的摇篮，
你是运动的永恒存在，
你将永远洗濯人世污秽，
世代培育治世英才！
啊，大海，
我在你的怀中又距你很远，
我被有你的恩宠又似被弃置于海外，
这莫名的处境常使我难堪，
现在，我要忘我地投入你的胸怀！

1982.6.14

晨曲

我冒着晨雾，沐浴着寒凉，
走出峡谷，迎接曙光。
北山上涌出团团游云，
在簇拥着飞越东方的山冈。
天宇一片玫瑰霞彩，
雾中峰峦郁郁苍苍。
渲染天地空灵之气的是无边无际的百鸟的欢唱！
啊，百鸟天天在晨曦中欢鸣，
千古如斯，一括万邦，
它们是咏唱曙色、风云、山河、日月，
还是咏唱人世沧桑中的无穷宝藏？

1982.7.27 晨

读油画《古玉门关》

玉门关仅留下一块龟裂的块状物，
它暴露在沙原上接受风雨的剥蚀。

而墨蓝的天空流云飘舞，
隐约中现出“飞天”的行迹！

艺术家的见地何等精辟，
他告诉我们一个严酷的真理：
那古关的遗迹象征我们受不住岁月摧残的肉躯形骸，
而那“飞天”却像是我们的精神，我们的灵魂，它可以进入艺术天国，永留人世！

1982.8.19

今天我对着天空谛视

今天我对着天空谛视，
不禁被它的景象惊呆，
那汹涌翻滚的云的世界，
真像一个倒悬的大海！
往常我不做仔细观察，
总以为云天里一片和谐，
现在才知道风暴是怎样酿成，
怎样才出现闪电、霹雷！

1982.12.12

小虫

比米粒还小几倍的小虫，
在我的书页上无声地爬行。
我的手指在书上一晃，
它便停止——表示已受惊！
啊，广袤无垠的大千世界，
还没有给这个小虫命名。
它便向我显示生命的奇迹，
这微小的躯体中容有多少器官，
那器官内又容有多少生命的功能！

1982.12.13

激情

激情卷走了我们的灵魂，
激情烧灼着我们的肢体，
为激情我们把一切牺牲，
甚至抛开整个人世！

自古来慷慨者最为富有，
激情也没有忘恩负义，
它给我们的生命的厚礼，
是书写不尽的爱的颂诗！

1982.11.28

我是时间

我是时间，
通过光明和黑暗，
我在向前！
我把江水带往大海，
我把云雾带出深山，
我把虚幻带向实有，
我把实有带往虚幻！
往古通过我面对未来，
今天挽着我走向明天，
我把远拉向近，
我把近推向远，
我使萌生渐趋成熟，
我使成熟走向衰残！

我把善带向恶，
我把恶带向善，
我把散化为聚，
我把聚变为散，
我踏着生生死死的节奏狂舞，
是非因我而多讹多变！
我铸造星球也哺育草芥，
我宠爱神圣也辅佐俗凡，
我在瞬息中撒下永恒的种子，
又让永恒中充满了瞬息的礼赞！

啊，我是时间，
我在光明和黑暗中不屈地向前，
万事万物中我无所不在，
上达星宇，下至黄泉，
我陪同江河日夜狂奔，
我与高山生死相伴！
我随着脚步和飞轮奔走，
我用光声测量深远，
生命的长寿或者夭折，
都必然打上我的印鉴，
所有事物的任何成败，
都必须服从我的铁腕！

啊，我是时间，

我在永恒中权力无限，
我操着命运之神的命脉，
一切难逃我的审判，
美的会得到我的褒扬，
丑的终将受我诋贬！
有权者想戏弄我的明察，
我把他关入毙命的牢监！
穷困者诅咒我悭吝、无情，
正暴露他的怯懦、愚浅！
我不仅为愚昧打上火印，
我还给凶暴套上羁绊！
我能控告时代横扫妖蜮，
拯救弱者抚恤良善，
奖掖英迈、无畏、聪敏、果决，
惩治庸俗、自私、浅薄、凶蛮，
扶持纯洁、正义、真理，
鞭挞淫欲、贪鄙、冥顽！

啊，我是时间，
我握有永不移易的权势，
捉弄强者，左右时贤，
凡是藐视我的狂徒，
都将受到我的惩办，
我凭我的特有的技能，
统治世界，主宰人寰，

我能把贫贱者推上高位，
我能把帝王执作囚犯，
我能使一粒火种漫天燃烧，
使惩恶的刀剑千秋威严！
今天枯涸无声的河床，
明天我给它带来狂澜，
今天高耸碧霄的青峰，
明天我把它投入深渊！
沙漠可向我讨取花果，
海底可因我吻到青天，
日月在我的掌上运行，
宇宙万有任我躯迁！

啊，我是时间，
一切都接受我的考验，
凡是要走向不朽的事物，
得通过我设下的一道道险关，
我用我的无形的手掌，
暴露巨恶，荐举至善，
我指挥宏观世界与微观世界的所有造物，
相互依存，相互制约，
让事事物物的本质在思维领域中毕呈尽现！
艺术宏构由我鉴定，
时髦样品任我抛玩，
随波逐流的骗子和扒手，

我知道怎样安排他们的明天!

啊，我是时间，
我能成就不朽的业绩，
我能制造不幸和灾难，
我能在瞬息间展现美的形神，
也能在亿万年中昏沉睡眠!
我能引出吃人的野兽，
我能抛出惩恶的刀剑，
我能塑造千秋高节，
我能设下堕落的泥潭!
我能使整个世界富有，
我能让血火吞噬人寰，
我能把理想射向星空，
我能使同室骨肉相残，
我能把春风吹遍大地，
我能使人心埋下仇怨，
我能鞭策着人类前进，
我能使暴恶留下隐患，
我能支持正义、真理，
我能延续罪恶、暴乱，
我能光明磊落地评断一切，
也能狡诈、诡谲、招摇撞骗!

啊，我是时间，

我已送走了多少年代、多少王朝，
多少暴君和奴隶，
多少幸福和灾患，
面对未来，
我是兴奋？还是战栗？
是面向光明？是走入阴惨？
这一切我仍然像往常一样，
无所介怀，任其自然！
我知道我的实有价值，
自古来有各种不同的评断，
有的人用我创造财富、塑造理想、推进文明，
有的人用我争权夺利、设置陷阱、制造罪恶、酝酿黑暗，
有的人对我抱有信心，充满信仰与我并肩携手追求光明，实现抱负，奔赴新生，
有的人将我诅咒、对我毁谤，或者无为地躺倒，等待腐烂！
有的人兢兢业业、争分夺秒，为了人类，奋进不息，
有的人营私舞弊，损人利己，野心膨胀，寻机高攀！
有的人大声疾呼根除痼疾、排除障碍，勇往直前，
有的人畏首畏尾，瞻前顾后，八面玲珑，因循守残！
有的人为民痛心疾首，
有的人为己左顾右盼，心血绞干，
有的人为公鞠躬尽瘁，
有的为己铤而走险……

啊，我是一条无形的江流，
是挟鱼龙与泥沙而行的不息的奔湍，
但真龙终将乘风云以遨游苍穹，
而泥沙总要在水底沉淀。

昨夜星月将我探问

昨夜星月将我探问，
今夜星月对我拜访，
只要不失耿耿贞魂
它们投我以友爱之光！

啊，坚贞不屈的夜行者啊，
也许你们听到了我心灵的歌唱，
不然你们怎能将我发现，
怎能熟悉我的寒窗？

1982.12.14

也许这只是愚妄的梦幻

我多么希望我独立地生活在一个世界，
我的生命保有不朽的高节，
我的劳动创造有崇高的意义，
我的言行都连着伟大的事业！
我多么希望在人间看不到拖人下沉的枷锁，
看不到扼杀人性的罪恶。
每一条世路都通往光明、自由，
所有的声音都是抚慰心灵的音乐！
啊，也许这只是愚妄的梦幻，
人总得负着苦难跋涉！
那么，就让这梦幻变作我终生的信仰，
变作我心中的不灭的圣火！

1982.12.30

如果你心里充满了情爱

如果你心里充满了情爱，

整个世界都焕发出光彩！
如果你丧失理想和信念，
生路上只有伤痛和灾害！
生命绝不会陷于绝境，
如果你保有爱者的情怀！
让伟大公民的不朽的心音，
陪同你开创新的世界！

1982.12.31

人们为了友好地交往

人们为了友好地交往，
经常把心爱的礼物献上，
世上的礼物各种各样，
样样要表现情深意长！

如果你收到一束鲜花，
你会觉得整个世界美丽芬芳，
如果你得到一首赠诗，
你的心会为友情热烈激荡！
啊，为了人类永恒的友爱，
让我们把生命全部献上，

人生在世的真正富有，
是精神财富的地久天长！

1983.1.4

梦中醒来

梦中醒来，
我又听到雄鸡引吭高歌，
百鸟尚在酣睡的时候，
它便把歌声送往天阙！
为醒魂献上了生命的高音，
驱退无边的沉寂、冷漠！
啊，造物主的安排何等奇绝，
宇宙万有催人奋发，
雄鸡秉有的独特天职
是用歌声唱破残夜！

1983.1.18

高山，屹立人间

高山，屹立人间，
万世千秋，缄默不言，
下通地心，上侔云天，
年华流转，信念弥坚！
冰雪压顶，鲠骨不折，
林泉献歌，意淡神远，
云遮雾盖，傲姿秀拔，
雷打点击，分毫不迁！
雄视八荒，仪表高古，
俯窥人寰，兴替无间，
日月升沉，寒暄与共，
大化不辍，静对浩瀚！

1983.1.19

只要我走出门槛

只要我走出门槛，

就看到祖国的河山，
只要我翻开书页，
就读到历史的诗篇，
只要我爱，就有充实的生活，
只要我战斗，就有生命的礼赞！
何必要庸人为我立碑，
何必要权贵施舍青眼，
一腔雄豪陪伴日月，
无愧于千古立足人间！

1983.3.26

登鲁山

一

我没有到过云贵，
未曾见过石杯，
鲁山顶上的巨石，
震惊我的游魂！
它奇态傲骨睥睨千古，
陪着日月沐浴风云，
任时代兴亡、世事沧桑，
它高踞峰巅，

超绝尘纷！

二

时间在空间里写一部奇书，
地球上出现了高山深谷，
还有那海洋、沙漠、冰川、岛屿，
还有变化的万汇，人类历史的脚步！

啊，人生，时代来也匆匆，去也匆匆，
仰观俯察，生死旦暮，
兴衰无常的茫茫宇宙啊，
你戏弄了多少“天”王，“圣”主！

三

我望着鲁山的峥嵘的山岩，
不觉又想到了地心的岩浆，
据说让它们换一下位置，
它们也即交换了性状！

啊，上帝只有住在天国，
才能主宰宇宙，藐视沧桑，
如果把他贬到人间，
他也将蹉跎岁月，骨朽尘网！

1983.6.6

我在灶旁坐下来烧火

我在灶旁坐下来烧火，
感到土灶对我无比亲切，
这看来异常简陋的土灶，
支持着我的诗神高歌！

当我离开灶口走出屋门，
全身披上太阳的光华，
我的心顿时十分激动，
我头上的天空中有支持千秋万世的神圣之火！

1983.6.13

年年种地

年年种地，年年保苗，
保苗包括中耕、除草。
大地是所有植物的温床，
野草自古统治着广袤！

如有一棵天真的庄稼，
不愿在野草丛中立脚，
它便失去了生存权利，
无草的土地生机难保！

1983.6.13

魔障

我穿过了一道魔障，又一道魔障，
第三道魔障又竖起来了，像一道高墙！
为了那魔障后面的未来风光，
我再一次动员新生力量！
啊，人间的魔障无穷无尽
魔障又往往把陷阱裹藏，
有志于跋涉世途的人啊，
你是否又发现了新的魔障？

1983.7.10

如果我夜里醒着

如果我夜里醒着，
我就点起桌上的烛火，
庄严地面对着它，
与它共度长夜！

只要有它为伴，
我总能得到慰藉，
因为它为了助我奋进，
燃烧自己，不辞毁灭！

1983.8.8

乐土就在自己的心中

经过了几十年的漂泊，
我终于找到了安全的驻地。
原来乐土就在自己的心中，
整个世界为它酝酿奇迹！

在我心中升起的日月，
不会遮上人间云翳，
在我心中开出的花朵，
不会面对着永恒凋枯！

变幻无常的大千世界啊，
请接受我的圣洁的献礼，
它是你的反省的精魂，
它证实你的不朽和神奇！

1983.8.10

我不是伟人

我不是伟人，
我没有征服生活的魄力。
我不是天才，
我没有创造奇迹的才气。
我不是艺术家，
我不会在人间塑造至美，
我不是名流，
人类筵席上没有我的座次！
但我是阳光塑造的生灵，

有光明之火在我胸中燃烧不熄!
我是万有提携的伴侣,
大地接受我生命的足迹!
历史的主宰者并不鄙弃我,
它给我审判是非善恶的权利,
生灭变幻的大千世界,
也允许我揭示它们的奥秘!
啊,我可以和太阳并肩开拓,
可以和风云共处朝夕,
可以踏着春秋四季的节奏跋涉,
可以把真理的种子撒向大地!
人类世界多么广阔,
我就有多么广阔的胸臆,
不管善恶酝酿怎样的霹雷,
我都有吞吐它们的浩瀚的天宇!
啊,我不是伟人
但我能面向灾困生活,
我不是天才,
但我有探索奇迹的志趣,
我不是艺术家,
但我是叩敲美的大门的香客,
我不是名流,
但我在推进人类的进化史中不堕奇志!

1983.8.13

泰山杂咏

一

中华大地哺育过多少英豪，
历史沃壤培养了多少哲人，
中国河山有采不尽的灵宝，
神州日月光华永新！

岱岳有开掘不尽的攀登之力，
有囊括千古的宽阔胸襟，
南天门前岩峰的雄姿，
足以鼓舞你超拔凡尘！

二

有的汉柏像插天剑锋，
有的又像虬龙蟠空，
这是它们的生命在时空之中，
彰显自身素质的特征！

啊，如果没有几千年日月的光华，
没有风云大地的脉搏的律动，
没有凝聚泰岱的文明精粹，
这株株汉柏也不能成为古迹，成为灵物，

为历史、游人揭示永恒！

三

我想在汉柏的身旁留影，
我敬慕它的孤傲和品格，
但我的囊中物提出了警告，
它牢牢地看守着我的孤独和高洁！

啊，汉柏啊，我的生命秉有千古情思，
让它伴同你迎接未来岁月，
你那几千年来与风雪搏斗的傲骨，
也会支持着我在人间世路上不屈地跋涉！

四

面对着古人留下的碑文，
我忘记了世忧，远离了尘纷，
那书法蕴含的超逸之韵，
开阔了心胸，激扬了神魂！

啊，为我们留下墨宝的古人，
胸中囊括了多少风云，
他们捕捉了永恒的旋律，
走笔龙蛇，浩气长存！

五

“文化大革命”中迁来的碑石，
现在已经形影不见，
可能它们被搬回了原籍，

与故乡的人民重叙团圆！

啊，它们那一段避难历史，
千万不要在中国重演，
岱庙也盛不下所有的历史魂宝，
啊，遭劫的国宝啊，
你给中华民族打上了千古难消的耻辱的印鉴！

六

香客有无穷的幸福美梦，
哪个梦不会化为泡影？
代代帝王来此封禅、祭天，
他的王朝也都在时代更替中形影无踪！

看来天神不干人事，
冥冥中没有救世神灵，
生灭变化的自然规律，
对百姓，帝王同样无情！

七

谁说泰山上没有神灵？
是它给了我第二条生命！
二十年前的一次日出，
把我心中的诗神唤醒！

若不是多次造访泰岱，
便不能卫护诗家心声！

啊，我皈依的神灵是山河浩气，
是茫茫宇宙的气运飞腾！

八

我的家乡不在泰安，
我不能天天与游人相见，
但我知道从国内外拥来的游人，
电子计算机也难以计算！

世上万事都有得有失，
泰山水漂去了多少金钱？
但在别处买不到的东岳风云，山川雄豪，
却化为生命的潜力，
支持他们在人间负重攀缘！

九

泰山的路啊，你弯弯曲曲，
但再弯曲也不会使我迷失方向，
泰山的路啊，你步步升高，
但高处没卧着吃人的豺狼！

登山者步步有清新的空气，
又处处看到醉人的风光，
先驱者留在石上的豪言，
像历史里程碑，闪射着光芒！

十

我立在对松山下仰望，
啊，面前是多么雄伟的景象！
两边壁立的千丈悬崖，
嵌着南天门和从南天门前垂下的石阶长巷！

这一条闻名中外的天梯，
引拔了多少历史骄子？
每个上山下山的泰山挑夫，
把青春献出，无声无息！

十一

瞻仰南天门的游人的亮眼，
一睐即发现“未了轩”，
它与南天门分担着天国的风寒，
使南天门天国有伴，又气派庄严！

“未了”的原意是诗人把地界引入了天际，
在此，对游人的启迪含义深远，
啊，攀登的奇景永在于攀登啊，
空间无极，年华有限！

1983 年 9 月

黎明的鸡啼

黎明的鸡啼像声的海洋，
波浪起伏，展向远方，
万民被这波涛摇醒，
随之也醒来了信仰和希望！

啊，我愿驾着生命之舟，
在这无边的海上远航，
它不只时时浮现人间奇景，
而且海空也永悬着灿烂的朝阳！

1983.10.27

与阳光对话

“阳光啊，当你走进我的门窗，
看不到笑脸，听不到歌声，嗅不到花香，
是否你也像世人那样，
投来冷漠无情的目光？”

“不！我每日把人间的屋宇照亮，
是为了洒下生命之光，
让人们在自信中过圣洁、理想的生活，
不管是小民还是大王！”

1983.10.28

世界是光怪陆离的世界

世界是光怪陆离的世界，
我们就应该信仰光怪陆离，
太阳把光暖洒给万有之后，
就听任它们形色争奇！

谁承认“方”是最完美的形象，
你能说“圆”是我们的上帝？
宇宙大千被创造之后，
自然也跟来了驾驭它们的客观规律！

1983.10.30 晨

播种与收获之间

因为我是农家子弟，
所以理解什么是真实的生活。
我知道生活中有两件大事，
一是播种，一是收获！

我更知道在种、收之间，
有一段埋头苦干的岁月，
这是希望与失望搏斗的时期，
我也知道“庄稼不收年年种”的含义是什么！

1983.10.30 晨

太阳啊，让我像你一样

太阳啊，让我像你一样，
每晨醒于汹涌澎湃的海洋！
也许是大海的永恒的激情，
授予你坚贞向上的力量，
授予你千古辉照的光芒！

支持你在风云长空跋涉，
把生命的光热洒满天壤！
啊，夜中那亿万颗发光的星星，
或许业绩比你辉煌，
但它们距地球太遥远了，
它们不能主宰人世沧桑！
你不计年月地永恒地运行吧，
你的升沉带来多少文明的宝藏！
你一边塑造，一边淘汰，
人间写不尽生命的诗章！

1983.10.31

云啊，人们都认为你无心无力

云啊，人们都认为你无心无力，
不愿把颂诗奉献给你，
因为你盲目地在天空浮动，
南北东西任风驱使！

啊，难道不是这空远中的自由，
使你有时弥漫天际，
既能用雷电震扫六合，

又能广布甘霖，为大地带来勃勃生机？

1983.11.1

咏大海

大海啊，是谁赋予你永恒的激情？
是谁赋予你永恒的力量？
谁使你千古永葆壮采，
为人类孕育瑰丽的宝藏？

啊，你那奔放不羁的精神，
震撼天地，与日月争光，
多少人迎向你的潮汐，
忘去坎坷，蔑视死亡！

1983.11.1

曙光

我已经迎接了多少次曙光，
人类已经迎接了多少次曙光，

未来的曙光将照耀怎样的世界，
将呼唤人类开掘多少宝藏？

灿烂的曙光披在我身上，
青春热血在胸中激荡，
祖国山河披上了曙光，
种子萌芽，鲜花开放！

1983.11.1

人间自有我的天地

当我在宁静中睡眠的时候，
大海波涛在翻腾汹涌，
当我被夜梦纠缠的时候，
天体正带着我在宇宙中运动！

我醒着的时间非常有限，
有数的潮汐，有数的春秋，
但我仍相信人间自有我的天地，
并能在这个天地中找到不朽！

1983.11.1

晨星

自古来多少人歌唱晨星，
歌唱它为人世引来黎明，
所有期待曙光的旅人，
更容易为它的光辉动情！
啊，晨星总还是一颗夜星，
只不过它有两个使命，
一是揭示夜色已残，
一是它的光溶入了曙色之中

1983.11.2

自然科学永保真理

“自然科学永保真理，
社会科学真理不存。”
我在人间几经浮沉，
还是第一次听到这样的言论！
我应该为此献上虔诚的苦笑？

还是报以轻蔑、激愤?
重要的是我到了思考的年龄了,
应该到野外去走走,
那儿的空气比较清新!

1983.11.3

凌晨四时许

二十年前我在下矿坑的夜里,
发现山鸟在四点时有一阵忘情的狂啼,
十三年前的冬夜里在故乡打井,
又发现伙伴们在四点时有一阵发狂的叫呼!

现在我又发现在夜四点时,
有诗神最慷慨施舍的一瞬息,
啊,这一发现给了我莫大启示,
我今生应在这个时辰创造奇迹!

1983.1 1.3

我的生命是一颗种子

应稼的成长在春夏，
收获贮藏在秋冬，
我们古老民族的历史，
也永远进化在这四时之中！

我按照一年四季的规律，
在祖先开垦的土地上耕耘、播种，
但我也深知我的生命是一颗种子，
要开花结果，也必须埋入“沃壤”之中！

1983.11.4

我的心脏

我的心脏啊，你欢快地歌唱，
但是不要过于激昂，
狂奋之后必是消沉，
幻梦破灭就是失望！

我的心脏啊，你欢快地歌唱，
但节奏必须舒缓、安详，
过力之举不会久长，
多少帝王因它丧亡！

1983.11.4

当我的心头感到沉闷

当我的心头感到沉闷，
总不免把目光投向太空，
虽然我知道没有天国，
我也不能向太空飞升！

也许因为那苍茫的天际，
有日月星辰的不停地运行，
这给我的灵魂以时空的诱惑，
以它们的光华、它们的永恒！

1983.11.4 下午

看枯叶离枝

树上的叶子不管怎样枯黄，
总含有生气，带有光泽，
一旦黄叶从树上飘落，
瞬即变得近于土色！

啊，生与死是两个不同的世界，
两者的距离仅一刹那，
这看似平常的枯叶离枝，
也会惊醒匡世英杰！

1983.11.4

人若长久沉默不语

如果河道里一片沉寂，
定是荒沙代替了涟漪。
道路如果断了人影，
荒草定会把它吞噬。

人若长久沉默不语，
心灵的大门会紧紧关闭，
大地要想鲜花盛开，
天空必须有雷电奔驰！

1983.11.4 晚

金字塔与长城

古代的埃及留有金字塔，
我们的古代留下了长城，
它们是文明历史的奇迹？
还是人民巨大灾难的象征？

啊，也许是文明与灾难血肉相连，
岁月支持着它们的生命，
我们距它们的时代越遥远，
才越能谛听它们的心声！

1983.11.5

一阵狂风向秋林袭来

一阵狂风向秋林袭来，
顿时黄叶满天狂飞，
我望着在眼前旋舞的落叶，
心中有难言的振奋、陶醉！

啊，如果没有狂风驰骤，
枯叶一片一片地下坠，
这显得大气多么沉重，
天空又何等冷漠、无为！

1983.11.5

我刚打开门扉

我刚打开门扉，
便飘进几片树叶，
这是秋风送来的——
大自然的使者。

它们在邀我出门，
投身高山、大壑，
放眼苍茫秋昊，
饱览秋光、秋色！

1983.11.5

一杯清水

我把一杯清水举到唇边，
这突然启迪了我诗的灵感，
这杯水来自山乡的岩穴，
谁不赞美它纯洁、清甜！

为让它在山间千古涌流，
多少先烈埋骨黄泉！
为让它滋养开不尽的鲜花，
代代山民生息在它的身畔！

今天我举杯将它倾饮，
我也应有他们的神圣情感，
既要为山泉的圣洁献上忠骨，

又要为山花的芬芳洒尽血汗！

1983.11.7

路上沉思

每当我投身大道奔路，
心中总引起感慨、激动，
精神焕发的男女后生，
为我展现出人类永恒的青春生命！

啊，也有无数白发苍颜，
埋头奋进在人流之中，
是否他们与我一样有同样的沉思，
人人都可以在爱中永生！

1983.11.8 晨

大地之歌

春风有如仙鹤展翅，

夏风是百鸟比翼舒翎，
秋风是山瀑在山间狂啸，
冬风又似万马奔腾。

冠诸众风的律动之最，
当推云海的闪电雷鸣，
山川交错的苍茫大地，
任岁月的风云千古驰骋！

1983.11.12

咏《群马》图

（一）

我买了徐悲鸿的《群马》，
挂在了我的居室的墙上。
艺术家那气概非凡的生命的心音，
从此将朝夕呼唤我沉睡的力量！

你看那被草原风暴哺育的龙种，
并肩昂首遥望远方。
千里之行还未启程，
英姿骏骨已裹入苍茫！

（二）

前线战地的辉煌胜利，
激励艺术家奋而挥笔，
一阙千古不朽的名作，
瞬息间介入茫茫人世！

谁说艺术家笔端的豪气，
仅是一家一派的特质，
深通艺术三昧的人，
自能从它读到民族史诗！

1983.11.17 晚

我的思想应是天空

我的思想应是天空，
它可以让太阳升降、星月运行，
既酝酿风云，又驰骋雷电，
或出现绚丽夺目的彩虹！

啊，我的思想既然像天空，
它不仅广阔无垠，而且秉有永恒的属性，

宇宙中万有的生灭变幻，
都可以囊入它的怀中！

1983.12.1

我定要敲开美的大门

我定要敲开美的大门，
用线条、音节、形态、光色，
我定要与美相依为命，
以我的智慧、辛劳、爱的执着！

啊，美不会远在缥缈的天国，
也不会在没有生命的荒漠，
它朝夕守在我的身旁，
我心中就回荡着它的音乐！

1983.11.1

是什么支持我不断前进

是什么支持我不断前进？
是什么激励我拼搏、探索？
是我虔诚向善的灵魂？
是人间无穷的美丑善恶？

也许冥冥中有一位神灵，
主宰着我的人世生活，
用无常的浮沉将我考验，
以人世沧桑铸我高节！

1983.12.10

千古豪情可争日月

大地之所以展现广远，
是为了让生命运生、跋涉，
苍穹之所以空灵、浩瀚，
是为了运动风云、光华！

茫茫苍苍的大千世界，
不是为一瞬的存在而设，
一得一失何足介怀，
千古豪情可争日月！

1983.12.10

我愿

我既不愿住进宫殿，
也不想走进牢房，
富丽堂皇的府邸，
也不能使我舒畅！

我愿意走进山林，
沐浴日月的光芒，
把心音化为天籁，
与风云携手徜徉！

1983.12.18

热血

伟大公民的爱国热血，
已经汹涌了几千百年，
它像一条不竭的江流，
在历史长河中永翻狂澜！

啊，狂热地奔流吧，爱国的热血，
你横穿荒漠，跨越高山，
使沃野的鲜花千古盛开，
让生活的大海壮美、浩瀚！

1983.12.29

我们的生命年华不多

我们的生命年华不多，
我们应该珍惜这有限的年华，
我们要把太阳投射给我们心灵的光热，
升华为生命的不朽之歌！

如果你永保理智的清醒，

你一生秉有高风亮节，
你就是人间最幸福的人，
不管世俗怎样评说！

1983.12.29

爱情之花

我们心中的爱情之花，
在生活的悬崖峭壁上开放。
面对苍茫的大千世界，
她越开越娇美，越开越辉煌！

日月为她万古普照，
风云为她昼夜歌唱，
无边无垠的宇宙空间里，
弥漫着她的醉人的幽香！

1984.1.5

爱

如果把人间最美的感情，
凝聚成一个字，
这个字就是爱，
“爱”中有生命的无穷奇迹！

只有终生与爱相依，
生命的价值才无与伦比，
伟大的爱与神圣的恨携起手来，
才能创造人间不朽的业绩！

1984.1.7

文明之桥的永恒柱石

不管我看到什么桥梁，
都产生仰慕、崇敬之情。
因为它把道路引向无穷，
它使时间通往永恒！

它是大地的信仰的手臂，
它是天空理想的彩虹，
啊，每一个有成就的历史人物都是文明之桥的永恒柱石，
在岁月的激流中岿然不动！

1984.1.12 晚

但愿

才被绝望折磨，
又被希望激荡，
我的心境就像无垠的长空，
风云变幻，阴晴无常！

但愿我的生之情思，
像不平的大海，永翻波浪，
那样我的生之里程，
将壮歌慷慨，奇花怒放！

1984.1.13

人的生命像一块燧石

人的生命像一块燧石，
它需要创业之锤的打击，
如果用隐逸把它包起，
它只是一块沉睡的冷石！

创业之锤啊，频频捶击吧，
捶得越猛，火花越绚丽！

1984.3.14

学生赠渗水石有感

由于你的深厚情谊，
我得到大自然的一份杰作，
岁月酝酿的山势奇秀，
移进窗牖伴我生活。
从此我将魂寄山林，
脱去俗念的烦腻、猥琐，

从此我将洗心天籁，
一揽天地的自由光色！
我的心声得到调整，
它将传出高音亮节，
我的更加澄明的双眸，
将括尽苍穹的幽深、空阔！
啊，物我将协调在一个世界，
生之浩气弥漫林樾，
千古悠悠的贞烈情怀，
坦对人间的永恒日月！

1984.4.2

啊，浓重的雾、漫山的雾

啊，浓重的雾、漫山的雾，
我要对你致意、将你歌颂。
我知道如果你在那高空！深远的高空，
你就是云，你就酿雨。
你就会驾驭长风遨游，
你就会挟雷电纵横驰驱，
而最后化为盖地的甘霖，
狂吻山河，滋育万物！

啊，现在只是由于气压，
你被降低到贴近地腹。
你低回川原、置身峡谷，
既无雷电，也无丝雨，
只能在人们的怨声中尽自己的天职，
化为一滴滴晶莹的甘露！

1984.4.3

飞腾的山风啊，呼啸的山风

飞腾的山风啊，呼啸的山风，
我爱听你的飞行、你的呼啸！
你向我显示运动的力量，
你向我显示大自然的雄豪！
你又向我揭示一个真理，
只有在广阔的空间里运动，
才能酝酿震撼天地的风暴！
啊，飞腾的山风，呼啸的山风，
你翻卷沙石，裹挟云涛，
你也来猛撼我的篷舍吧，
也来掀起我心海的汹涌思潮！

1984.4.5

致山峰

你是大地的骨骼，
你在岁月中崛起，
不管风云怎样变幻，
你永远巍然屹立！
你该是招引游子，
前去探幽寻奇，
你该是鼓舞拓荒者，
要终生刚强不屈！
每当我感到生路寂寞，
便瞻仰你的巍峨雄姿，
每当寻不到心灵的慰藉，
便吟诵你献给永恒的颂诗！
啊，你是我生命的忠诚友伴，
我最美的感情与你相依，
将来我走完人生之路，
还请捍卫我的生之灵气！

1984.4.5

尼禄、希特勒、秦始皇、恺撒

尼禄、希特勒，
秦始皇、恺撒，
不管哪个暴君的名字入我眼帘或震我耳鼓，
我的心便突然从麻木中惊醒，
严肃地面对人世生活！

像是被蛇咬过的人见绳受惊，
像被虎伤过的人谈虎变色，
只要有暴君的名字在我面前出现，
我马上就记起，
我留在人世的神圣职责！

1984.4.12

朝阳颂

是什么驱除我长夜的忧伤？
是东天升起的那一轮朝阳！

它先在长空抽引彩带，
继之把它们披上重峦叠嶂，
转眼间江河、沼泽、大海、汪洋，
活跃起耀眼的金涛碧浪，
长天和流水抱肩旋舞，
缤纷的彩衣闪闪发光！
欢笑的高山成了宝山，
醒来的沃野散出幽香，
风神像是青春女神，
长袖舞得百花齐放！
啊，缓急起落的劳动号子，
伴着飞轮的隆隆声响，
为人类文明的进行曲伴奏，
一时优美，一时雄壮！
啊，我愿变成一只雄鹰，
翱翔高空，俯瞰苍茫，
我愿化为一朵流云，
傍着山崖听时代歌唱，
我愿列入飞转的车轮，
在运动中把财富撒遍城乡，
我愿是一朵无名的小花，
看勤劳的蜜蜂在花丛里奔忙！

1984.4.13

据说人的思想是一个诗的宝库

据说人的思想是一个诗的宝库，
有无穷的瑰宝在库内珍藏。
我想打开我的宝库把它们取出，
献给人民，献给祖国，
但开库的钥匙很难找到，
很难实现我的理想。
为此我向别人求援，
又到古人的仙居探访。
甚至遇到风神花仙，
也谦卑领教，诚恐诚惶，
但他们都悽然地摇头表示，
爱莫能助，无限迷惘！
难道诗的宝库的钥匙，
只能紧握在诗神的手上？
啊，我寻找诗神缪斯，
但上天无路，天地苍茫，
即使我倾尽毕生精力，
也依然看不到一线希望！
正当我异常苦恼的时候，
有一位老人走到我身旁。
他声言他是长生不老的生活，我的邻居，
他知道诗库的钥匙在何处存放。

我急忙向他领教、求助，
他神秘地笑笑，目光慈祥。
他说，那你就天天与我相依为命吧，
你对我忠诚、宽厚、信赖、敬畏，
我自然给你打开诗的宝库，
让你的诗之瑰宝在人间永放灿烂的光芒！

1984.4.16

啊，西岭

听，西岭，
你是我肉眼看到的永恒！
清早你披着灿烂的彩衣，
月夜你的面目朦胧，
夏天你着黛色的盛装，
严冬你换淡色的斗篷，
但不管怎样接受时间的装扮，
巍巍英姿却在空间里千古高耸！
啊，西岭，
你是我能够看到的永恒！

1984.4.19

思路

思路啊，
如果我眼前是一片静寂和荒芜，
请你延伸，延伸，
向着遥远而陌生的地方延伸开去！
或者延伸到一个荒岛，
或者延伸到一个洞窟，
或者通往汹涌的大海，
或者连向瑰丽的街衢，
或者沿着光的指引升向高空，
或者穿过烟云进入深山幽谷，
名人古塚也可去探寻，
古堡废墟也可去驻足，
骷髅遍地的古代战场，
殿堂辉煌的权城势府，
都可以留有你的迹影，
听到你的感叹唏嘘！
至于那些奇山秀水，
那些与永恒相守的信仰的庙宇，
那些哺育天才的名城，
那些权势难犯的圣域，

更应该吸引你的游踪，
启迪你的探索奇趣！
啊，如果你始终伴着拓荒者前进，
始终回荡着不羁精神的辉煌旋律，
扼杀性灵的寂寞和幽独，
会铸造你品格的刚强不屈！

1984.5.9

明镜

大脑啊，你这一片岁月的明镜，
昨天曾落满了罪恶的灰尘，
这使你失去了光亮，丢掉了职能，
人世阴暗都不能向你叩问！

今天你被真善美举起，
选好角度，安置在历史的廊门，
并让春神的素手拭去你面上的层层尘垢，
使你恢复明净，
以如实地反映生活的姿容、岁月的丰韵！

1984.5.9

记打扑克

你听隔壁那群男女扑克迷，
他们笑得多么开心！
你听他们摔下扑克的声音，
动作何等敏捷，臂腕何等带劲！

怪不得扑克这种产品，
装潢漂亮，质地坚韧，
它们要与赳赳男子、妙龄女郎拼搏岁月，
丑陋和衰残岂能上阵！

1984.5.12

也许因为时光易逝

也许因为时光易逝，
也许因为空间里幻象易消，
而生命要创造不朽的业绩，
又需要特异的智慧和情操，
所以我心中好像有一团圣火，

它不分昼夜地熊熊燃烧，
它不准我有片刻平庸的宁静，
它驱策我翻腾澎湃的思潮！
啊，我的珍贵的短暂的生命啊，
让圣火捍卫你的光荣与自豪，
烧去那孵育罪恶的贪鄙，
不要让麻木和冷漠把灵魂吃掉！

1984.5.14

我觉得

我觉得这无边无际的大地，
像一个巨大的温床，
我在哪儿都可以安静地躺下，
让我的灵魂遨游天堂！

我觉得我的不渝的朋友，
永不会离开我的身旁。
不管是山是河是云是风，
或夜中的寒星，或白昼的太阳！

1984.5.17

花香会化为更美的果香

我把双臂举向高空，
啊，拥抱我吧，灿烂的太阳！
我接受你的光吻之后，
生命之花将盛开怒放！

世上没有不残的花儿，
但花香会化为更美的果香，
太阳啊，你的爱会在我的生命之果中化为种子，
——它是未来世界的宝藏！

1984.5.22

啼血的杜鹃

啼血的杜鹃，
歌声多么高亢、激奋，
它使辽阔无垠的长空，
回荡着生命的高昂的心音，

啊，我也愿化为一只杜鹃，
把带血的心声送向苍旻，
为不屈的拓荒者的心律伴唱，
没有间歇，不问晨昏！

1984.6.20

乐歌悲歌能否传诸久远

杜鹃啊，你的歌声高亢，
是否就因为你歌唱在高空？
如果你在荆丛中啼叫，
也可能类似悲吟的秋虫！

啊，胸怀囊括古今的诗人，
心声才能震动永恒。
乐歌、悲歌能否传诸久远，
决定于你在什么高度上关注人生！

1984.6.20

太阳啊，请你伴我读今天的诗章

太阳啊，请你伴我读今天的诗章，
读蓝天，那运行所有岁月风云的蓝天，
读海洋，那浪涛与日月的脚步合拍的海洋，
读高山，那千古秉节耸立的高山，
读大江，那波涛淘尽腐朽的大江！
啊，也伴我读空间中运动的所有的旋律，
也伴我读自然历史的所有形象，
还有那四季变幻的万有的情态，
还有那人类世界的浮沉沧桑！
啊，太阳啊，也莫忘了提醒我随时读自己的灵魂，
读它的自信、自知和自强，
读它在历史时代中的真实位置，
读它无愧于时代的理想和信仰！

1984.7.2

今天的天空多么晴朗

今日的天空多么晴朗，
万里长空没有一丝云影，
碧绿的大地在蓝天的怀中，
又多么生机盎然，充满诗情！
偶尔有一群鸟儿飞起，
蓝天便衬出它们娇美的身形，
不管鸟鸣、水声、人们的笑语，
都那么清脆、嘹亮、愉悦心灵！
啊，这一切还不是因为昨夜，
漫天乌云酝酿过一场豪雨，
迅雷疾电在太空驰骋横扫，
清除了一度弥漫天际的浊氛！

1984.7.4

风啊，你从我的窗前走过

风啊，你从我的窗前走过，

到底对我说了些什么？
你的语言含糊不清，
令我难以捉摸猜测！
你是说我的爱要开花？
你是说我的情要结果？
还是说我要被卑琐埋葬，
我将被庸俗的毒蛇吞没？
也许你警告我岁月无情，
勉励我在生活中自铸高节，
叮嘱我要砸碎性灵的桎梏，
再艰苦地从事新的开拓！

1984.10.28

我不愿把痛苦化为……

我不愿把痛苦化为一声叹息，
我不愿把痛苦化为一滴泪珠，
我不愿把痛苦化为一声狂笑，
我也不愿把痛苦化为撕心裂肺的目光的呆滞！
我要把痛苦化为语言，
我要把痛苦化为哲理，
我要把痛苦化为光热，

我要把痛苦化为历史的心律!
让它永远陪伴我的清醒,
让它永远启引我的才思,
让它支持我的勇决,
让它征服岁月的空虚!

1984.11.8

我是人间的一个织工

我是人间的一个织工,
我不倦地为岁月抽丝织网。
丝是一生不断的情思,
网是无边的爱与信仰!
它不只与天地宇宙共辽阔,
而且与人类历史共久长,
它为人世网住了不朽的美善、不灭的希望,
网住了永不沉落的生命的太阳!

1984.11.28

这个世界

这个世界既是别人的世界，
同时也是你的世界！
如果你活得卑鄙、怯懦，
就无权为灿烂的前程剪彩！

天空不只是日月风云的天空，
大海不只是弄潮儿的大海，
这个世界归全人类所有，
你当清楚：它也为你安排了光荣席位！

1985.1.12

病中吟

我刚刚从病弱的晕眩中立起，
现在还没有在大地上站稳，
而且我的一只手臂
还扶着救援我的亲人！

但是现在我已感到，
有一股热流暖我身心，
病体已经受我主宰，
我可以从死的劫难中脱身！

1985.1.13

阳光

阳光射进了我的门窗，
光暖洒在我的身上，
面对着中天和暖的太阳，
我不禁陷入了人生的遐想：
我在人间寻找圣洁和美，
寻找依托、寻找力量。
这太阳不就是支持生命的神圣造物，
我理想的未来不就是在它的光华中蕴藏！

1985.1.16

相信奇迹吧，炎黄的子孙

相信奇迹吧，炎黄的子孙，
奇迹已经在你面前出现，
昨天歪曲历史的恶棍，
已被历史的巨掌打翻！
中华民族是伟大的民族，
这不是一句口头空喊，
五千年的历史已经证明，
她不会错待善恶忠奸！
他们捍卫的真理：正义，
最终会维护民族的威严！
地狱可以变为天堂，
神鬼的错置总会更换，
今天不能出现的奇迹，
历史把它安排在明天！

1985.1.18

我的生命

我的生命，
多少依凭，
从天上的日月星辰，
到地上的草木鸟虫，
从万有的诞生、宇宙的形成，
到最后审判之日的开庭，
一根思维的和弦，
弹多少历史文明，
一只理性之鸟，
唱多少悲欢的歌声！
啊，我的灵魂，
与神为盟，总揽广袤，千古是骋，
穿越一堆堆生命的劫火，
奔赴天光不灭的永恒！

1985.2.3

我的生命有神圣的天职

我的生命有神圣的天职，
天职是我生命的太阳。
我要它永远悬在天空，
为我照耀上下四方！
不管我今后走到何处，
都有天职在我身旁，
即使我已躺入墓中，
也要它为我的亡灵放岗！

1985.2.5

阳光，你永远是取不尽的美的宝藏

阳光，你永远是取不尽的美的宝藏，
你孕育人间无穷的诗篇，
你为人类推出无尽头的画廊，
你有谱写不完的乐曲，
代代歌唱家为你高歌欲狂！

啊，阳光，
是你在时空的大海里导航，
是你使事物化腐朽为神奇，
使人类的智能战胜死亡，
也由于你开辟了光明的征途，
真善美才敢于同假恶丑较量！

1985.3.4

我要磨出锐利的目光

我要磨出锐利的目光，
在粗糙不平的生活的砺石上，
沾着历史长河的清流，
依爱憎的节奏不住地摇荡！

我要磨出锐利的目光，
在质朴、坚实的真理之石上，
用勤奋的汗血洗去锈蚀，
命天灵之光走出云障！

啊，我要捍卫锐利的目光，
用声、用色、用光、用形象，

用宇宙万有的无穷奥秘，
用人类世界的浮沉无常！

1985.3.5

真实的幸福

人得重病的标志之一，
是减退原来的旺盛的食欲，
因而食物变得无味，
强吃甚至引起呕吐！

如果灵魂得了重病，
世上的善恶是非会变得界限模糊，
由感情冷漠到精神麻木，
由和善、忠诚到虚伪、冷酷！

身体无病能辨百味，
思想健康爱憎有度，
旺盛的生命力归属无病的身心，
才是人生的真实的幸福！

1985.3.5

就从脚下这一步开始

我就从脚下这一步开始，
走上生命的康庄大道，
走出英武，走出豪迈，
走出坚贞，走出骄傲。

我就从脚下这一步开始，
走上生命的康庄大道，
踏碎忧郁，踏碎卑怯，
踏碎消沉，征服烦恼！

我就从脚下这一步开始，
走上生命的康庄大道，
面向祖国，面向世界，
走向未来，无畏地创造！

天上还会有诡谲的风云，
地上还会有邪恶、横暴，
我就从脚下这一步开始，
走向威严，走向崇高！

1985.3.7

风

北风带来严冬，
南风送来阳春，
西风使草木凋枯，
东风令万象更新！
台风飓风、沙漠风，
把山河、原野的炊烟鲸吞，
抚爱川原的绵绵微风，
给稼禾花木送香传粉！
风卷云集雷雨骤至，
雨过又是风扫残云！
有风才有春华秋实，
无风只有死寂、沉闷！
啊，风的天地，风的世界，
每个角落都有风的诗文，
当你谛听人们的心声，
又会寻到世风的足音！

1985.3.13

美

天空的太阳、星星和月亮，
年年放光、月月放光，
它们体现永恒的美，
代代诗人为之歌唱！

地上鲜花艳丽芬芳，
有荣有谢不停地开放，
它们是时流的美的波澜，
永远令人陶醉、神往！

啊，永恒的美、瞬息的美，
构成大自然的美的殿堂，
而人类对理想的追求，对美的创造，
又使生命的不朽之美万世辉煌！

1985.3.15

星星

谁能数清夜空的星星?
谁又能呼出每一颗星的名称?
宇宙中有些最大的星,
至今还没有映入世人的眼睛!

如果把世人都比作星星,
它是个星海,波涛汹涌,
有些涌起形成浪山,
有些跌到浪谷之中!

啊,距离影响着星星的明晦,
距离也掩埋着世人的卑微和尊荣,
当一个无名者从你身旁走过,
也可能是滑过了一颗夜空的明星!

1985.3.15

太阳

我想：太阳，就是千古以来所有诗人共有的心脏。
它热烈，光明，无私，慷慨，温暖，坦荡，
生命力注满无垠的空间，
给万物以存在的价值、不朽的生机，
以光明和博爱塑造大千世界的光辉形象！

我想：太阳，就是千古以来所有诗人共有的心脏，
它英勇，豪迈，博大，进取，奋发，昂扬，
无时无刻不在横扫黑暗，扑灭阴冷，
播散光热，培植希望，
启引人类挖掘岁月的宝藏！

我想：太阳，就是千古以来所有诗人共有的心脏！

1985.3.16

夜醒

夜神赐给我这一片清醒，
是要我用它思考人生，
证明无边的夜暗之中，
搏斗着一个追求光明的生命！

有多少深夜醒来的人，
忘我地投入夜的寂冷，
用心灵之光照亮征途，
热情地迎接又一个黎明！

我不是一个孤独的夜行者，
有多少贤明在夜里蹒行，
虽然我们还没有彼此发现，
虽然我的身畔寂然无声！

1985.5.22

鹰之歌

我不是秋雁，
歌声一串，
我不是杜鹃，
歌声一片。
我的翅影飞掠高山的巉岩，
我的歌回荡在酝酿霹雷的云端。
由于我凌驾罡风的高寒，
视野一括万水千山，
有时把心音撒落幽谷，
会惊退林中虎豹的酣眠！
那些在荒野里繁衍的狐鼠，
那些在暗窟中蜷伏的蛇族，
任何时候都不会忘记，
云影里裹着它们的灾难！

1985.6.8

我终生勤劳、纯朴的父母

我终生勤劳、纯朴的父母，
把一生献给了繁忙的家务，
如果要探讨他们的人生哲学，
也许要追溯到茫茫太古！
养育我们的古老的土地，
还将把无数代子孙养育，
把一生献给家务的父母，
使我联想到在历史风暴中，
永远屹立的中华民族！

1985.7.13

高山的巉岩

高山的巉岩，
巍峨、傲岸，
谁把你的雄伟拥向高空，
使你远离花香鸟语、远离市井炊烟，

永远与人间的春天相左，
身畔只留永恒的冰寒？
也许你的境地是向人类显示一种必要的存在，
象征一定的高度应有的气度和肝胆，
独异当有独异的处境，
奇绝要负奇绝的重担！
啊，高空的巉岩，
你并非那么寂寞、孤单，
八方风云与你过从，
朝华夕晖遥致寒暄，
万里江河，千里平川，
为你的崇高献上礼赞，
茫茫无际的日月之光，
向你显示宇宙的浩瀚，
沉沉长夜的漫天星斗，
把永恒的升沉向你呈献，
而决不停步的人类历史，
又让不朽的信念与你为伴！

1985.9.11

夜路

路，当夜幕降临，或者乌云把光明遮去，
你会变得形迹模糊。
给夜行者造成困难和凶险，
稍有差失，便跌入泥沼，踏向荆丛，
或摔下悬崖，粉身碎骨！
但是你们是现实存在，
仍像白天那样在地上蜿蜒起伏，
能把路人引向远方，
使他翻山越岭，征服空间中的一切险阻。
只是夜里你失去形貌的壮观、光的奇韵、行旅的密集、车马的奔突，
但却把审慎、警惕、探索与思辨加倍地赠予夜行的人，
给他们一个沉思的世界，
给他们尊重客观、谨慎举步的品格与智虑！

1985.9.12

高峰

高峰，
冰冷，
把广漠凝聚成威严的永恒！
静穆与崇高的不朽的宝座，
日月星辰永守的坚贞！
从千里之外听他的脉搏吧，
那撞击巉岩的滔滔巨流，
那不羁的大海的潮汐的汹涌，
那火山口喷发时惊人的震颤，
都传出它深藏的一份心声！

1985.12.6

深夜里，我听到雄鸡第一次啼鸣

深夜里，
我听到雄鸡第一次啼鸣，
这啼鸣在给我什么启示？

是为了烘托山村冬夜的静寂？
还是让我从纷乱的俗念中清醒？
它那高亢、激越、明亮的啼音，
射入星斗满天的夜空，
是赞美宇宙、赞美生命，
还是启迪我当有昂扬的精神、健美的思想，
旷达的胸怀，高扬的心声，
并以此传出暗夜孕育的雄豪，
疏引气象万千的黎明？
啊，深夜里，我听到雄鸡第一次啼鸣！

1986.1.24

一个气象万千的宇宙

一个气象万千的宇宙，
一个辉煌壮丽的人生，
一个可以追求伟大不朽的灵魂，
一个可以做擎天之举的难得的生命，
在怯懦、自私、苟且中沉没，
像夜空坠落一颗明星！

啊，纵观这人海扰攘的世界，

夭折了多少匡世英雄！
属于被毁，还是自毁？
恢恢天网，判定分明！

1986.2.19

住院有感

人们一旦住进病院，
就显得格外亲近、友善，
也许因为这里与死神相邻，
生命的真谛自然出现！
如果人人随时意识到，
死神就在他的身边，
也许人间的罪恶暴行，
不会那么肆无忌惮！

1986.3.6

我愿人间有一种天平

我愿人间有一种天平，
能称量人的爱的感情，
不管谁到天平的跟前，
能把他爱的重量看清！

但我又担心有了这种天平，
在世人面前仍然无用，
因为堪称神圣的不朽之爱，
认识它需要伟大的心灵！

1986.5.22

也许这是命中注定

也许这是命中注定，
上帝每夜都赠给我一段不眠的清醒。
在这天地昏暗、万籁俱寂的时辰，
他要我的思想在宇宙中自由驰骋！

不管天堂、地狱或者人间，
不管往古、现在或者将来，
我的思想任意在时空中遨游，
变幻中体验多难的人生！
啊，上帝为什么鞭策我的醒魂？
我能否永保夜中的清醒？
我是否夜夜都有神圣的使命，
把这醒的思想铸成光辉的永恒？

1986.7.23. 黄昏

脚下的土地

脚下的土地，
我踏着你，
一步一步向前走去！
从你我取得了我所需要的一切，
从你我献出了我应该献出的一切，
从你我认识了人生，认识了世界，
从你我踏着曲折和坎坷走向光明！
从你我完成了塑造时代的自我，
从你我铸就了永恒的神圣！
从你我表现了人类思想道德的趋向美善，

从你我战胜了庸俗、幻灭、不贞和腐朽！
啊，脚下的土地，
我踏着你，
一步一步向前走去！

1986.7.23 晚

表声

夜里醒来突然听到
听到我枕畔的手表的运行的节奏。
这时，我继续全神贯注地倾听，
想听到这位同伴的呼叫和要求。

我似乎听到它这样发话：
我感谢你对我的存在的关注，
但你更应该时刻不忘听自己的心音，
不然，你只能演出人生的悲剧！

1986.7.29

无字碑

泰山顶上的无字碑啊，
你千秋万世巍然屹立。
你对我隐藏着什么秘密？
你要启示我什么真理？
你不愿接受任何局限吧？
你不想听取异代的评议？
你要追鹜无限的时间、无限的空间，
使自己的存在归于无极？
啊，日月星辰——无字！
浩浩苍天——无字！
风云雷雨——无字！
万有运化——无字！
但满含血泪的人类历史，
无字就只能是邪恶横溢！

1986.8.12

夜行

夜行中我回头看我的来路，
杳无所见，
一片漆黑！
我再探视我的去路，
同样漆黑，
杳无所见！
但我的脚下是坚实的道路，
踏着它会走向
灿烂的黎明！

1987.2.26

跋涉

每个人的面前矗立着一座高山
——孤独。
每个人的面前横亘着一个大海
——磨难。
翻过高山者，

不再说孤独。
渡过大海者，
不再说磨难。
生命——非凡！
路——无限！

1987.2.27

阳光

如果阳光能够折叠，
我今生只把阳光贮藏。
我要成为拥有阳光的富豪，
在光明世界里千古称王！

但不能否认阳光确能折叠，
确能为人类世世代代贮藏，
当你翻开先人的遗著，
不是过去的阳光又照在你的心上！

1987.2.27

清早

清早我在床上醒来，
总想马上一跃而起。
我觉得身下有一股力量，
不允我再享受躺着的安逸！

这股力量从何而来？
原来它来自朝阳的激励，
它鼓舞我伴它走向高远，
它拥抱我在它那光暖的怀里！

1987.2.27

巉岩

巉岩，
你在人地上屹立着，
你在苍穹中屹立着，
你在长昼中屹立着，

你在长夜中屹立着，
你威姿傲然地屹立着！
你要阅尽人世沧桑，
你要看尽帝国兴废，
你要俯瞰生生死死，
你要凌驾绵绵时流，
你要检验所有好恶，
你要试按永恒的心脉，
你给信念以不朽的形象，
你要证明不屈的永存！
啊，巉岩，
我是围绕你飞翔的雄鹰，
我是与你精神相通的精灵，
我的生命的气概与威严，
就在你高举的静穆之中！

1987.3.2

我身上涌流的鲜血

我身上涌流的鲜血，
你受着我多变的岁月的提炼，
它的精纯度与日俱增，

并继续熔铸人生的伟岸，
滴滴鲜血孕育着爱憎的神圣，
滴滴血捍卫着生命的威严，
今日旋流于瞬息的峡谷，
明天要汇入永恒的浩瀚！

1987.3.5

我的生命

我的生命是一座高山，
巍然屹立在天地之间，
我的傲骨是嶙峋的巉岩，
峥嵘不惧天外风寒，
我的热血万古奔流，
潺潺有如圣洁的流泉，
更有我的不屈之魂，
苍穹之下皈依高远！

1987.3.6

障碍

障碍这边是一个世界，
障碍那边是一个世界，
如果你在障碍这边，
请你好好地审时度势。
看障碍的高度，看你的高度，
看障碍的深度，看你的深度，
看障碍的空间隔阂、时间隔阂，
看自己的存在现实、行动现实！
障碍在利用你的弱点，
障碍在考验你的胆识，
障碍在卫护着一个难得的生命之宝，
障碍在为你驾设着事业的奇迹！
它在再造你的艰难、你的痛苦、你的贫乏、你的憾失、
你的荒疏、懒惰、消沉、迟滞，
你的生命之流中沉淀的渣滓！
你的酣睡不醒的机敏，
你的自我麻醉的安逸，
你的甘于堕落的蒙昧，
你的灵智自毁的庸鄙！
啊，障碍是一把冲锋的刀，
它要你举起有力的手臂！
障碍是一发待放的子弹，

它要你对准目标射击！
障碍是通向成功的路，
除了它没有上升的阶梯！
障碍也是打开有为之门的钥匙，
没有它我们走不出倒退和停滞！
啊，发现障碍，迎向障碍，
跨越障碍，征服障碍吧，
为排除障碍付出的汗血，
将铸成辉煌人生的不朽历史！

1987.3.20

我走在路上

我走在路上，
茫然若失，
突然眼前的地面，
似灵光一闪，
给了我启示：
这供我脚踏的地表之下，
有多少土壤？多少岩石？
它们都在地下层层挤压，忍受窒息，
亿万万年不见天日！

啊，万物生辉的大千世界啊，
你也有一个深厚的根基，
根基中沉默着一个怎样的境域，
纵深中写有多少奉献的圣诗！

1987.3.24. 下午

黎明的光辉

黎明的光辉，
逐渐把长夜的幽暗驱散。
人们又醒来，
看到了树木、房屋、山河、蓝天，
——大千世界的形形色色，
空间容纳的奇景壮观！
黎明之光啊，
你也把我心灵的幽暗驱散吧，
让我的心灵的眼睛看到人世的光明、希望，理想、
伟大人格的尊严，
把是非、善恶、美丑分清，
不失健康的理性，美的情感！

1987.3.30

瞎子走路时

瞎子走路时，
手拿杆子，颤巍巍地探索。
瞎子坐下时，
用手摸摸手边的东西，
他默默地辨别。
瞎子在世上
总是那样不愿说话。
他吝惜笑，
也吝惜歌。
瞎子永远像是远地来客，
客客气气，
虔诚而谨慎地生活。
难道他心中平静而安详？
人生充满了诗和音乐？
难道接受的是善心和友爱？
胸中爆不出霹雳怒火？
也许他意识到自身的微贱，
谦卑是为人立身的美德！
也许他知道四周是障碍和陷阱，
每一移步都有灾祸！
也许他从小就告别了希望，

告别了幻想，告别了梦，
任客观世界主宰他的一切！
所以他不会有狂妄和傲慢，
所以他不经营虚伪和欺诈，
所以他在探索、反省中度日，
所以他终生默默地隐忍着
无穷无尽的痛苦和折磨！

1987.6.14

正视现实

上帝创造万有的同时，
也为它们树上了天敌，
他一面慷慨地赐予你生，
同时又无情地判给你死！

就是这样一个法则，
把运动的万有推向无极，
正视这个严酷的现实，
是赢得生存的伟大主题！

1987.9.13

世界是如此大

世界是如此大，
大的特征是灾难无限！
世界又如此小，
小到生路寸步维艰！
正因为有此“大”
情志世界深广无穷，
正因为有此“小”，
志者才有高峰可攀！
面对“大”建树伟业吧！
“小”字面前立起勇毅、刚健！
“大”可以培养气魄的恢宏，
“小”可以塑造志节的高远！

1988.1.29

我眼看着时间

我眼看着时间，

在我面前撒下障碍，
挖下陷阱，
但我还是勇敢地
向前走去，
因为我知道
时间还有另一种属性，
它还会把障碍撤除，
把陷阱填平！

1988.2.24

面对生活

面对生活，
我再一次树起希望的旗帜！
如果这一杆旗帜又被冷酷的现实砍倒，
我相信，
我还会再一次在灿烂的阳光中
把新的希望的旗帜树起！
就这样直到我离开多难的人世！
就这样直到我走完艰难的人生之路！
啊，面对生活，
我将永远在希望的旗帜下跋涉征途，

永远在希望的旗帜下傲然屹立!

1988.2.24

每一瞬间

——要为每一瞬间的生存而高兴

日本，国分廉考

我为每一瞬间的生存献一首诗，
我便感到无上光荣。
因为我生活得自由，充实，
我的爱得到了承认和尊重!
更重要的是每一瞬间
都对我显示它的珍贵和神圣，
使我领略到世界的美，存在的真实
使我幸福地生活在现实之中!
啊，我为每一瞬间的生存献一首诗，
这是命运给我的最大光宠，
因为每一瞬间的生存都可以借诗的力量，
铸成伟大不朽的人生!

1988.3.1

太阳啊，新生的太阳

太阳啊，新生的太阳，
你给世界带来新的光热！
你为我的心脏注入新的血液！
让我粉碎昨天的枷锁，
让我开创新的生活！
让我高高地昂起头颅，
迈出豪迈英武的步伐，
眼睛射出明亮的光辉，
心中燃起追求的烈火，
新的希望，新的诱惑，
也随时随地把我迎接！
啊，太阳啊，新升的太阳，
你伴我勇敢地进取和开拓！

1988.3.1

风和日丽的苍空

风和日丽的苍空，
出现了一只雄鹰，
它平展着双翼，
一圈一圈
像在蓝色的冰上滑行！
一旦风暴到来，
乌云汹涌翻腾，
与风暴搏击的雄鹰
将像一道黑色的闪电
让根根羽翎抖落
霹雳雷声！

1988.3.2

射在我面前的一缕阳光

射在我面前的一缕阳光
我必须用尽全力将你捕捉！

我心灵中的那朵鲜花，
多么需要你的光华！
你射入我的内心深处吧，
你赐给它你那光的炽热！
你的光中融有无限新生，
会使心灵之花结出圣果！
啊，射在我面前的一缕阳光，
我必须用尽全力将你捕捉，
不然我那心灵之花，
花蕾未绽便会枯落！

1988.3.11

似乎有一条巨蛇

似乎有一条巨蛇，
将一个人盘在中央。
蛇首对着人的头，
吸食他的脑浆！
吸食之后弃人而去，
人尸倒在地上！
这一切进行得无声无息——
受制于人的人啊，

有条巨蛇缠在你身上！

1988.3.13

如果爱情是一条线

如果爱情是一条线，
这条线将通向远古，通向未来，
中间不会有什么剪断！
如果爱情是一个面，
这个面将包括整个宇宙空间，
又处处都是神圣的点！
但爱情既不是线，也不是面，
它是埋在心中的隐患，
它是这风风雨雨的百年之身，
在醒时，梦中不得一刻平安！

1988.4.2

一束青葱

一束青葱，
横放在桌子上。
经过几个昼夜，
明显地看出：
凡是比较嫩的葱叶的叶尖，
都一致地弯着指向上方！
这屋里并没有阳光，
葱根远离开土壤，
是什么力量将它驱使，
不放弃生活所追求的方向！

1988.4.2

一枚果子已经成熟

一枚果子已经成熟，
但是没有人前来收获。
时间终于逼它脱落，

熟透的果皮在地上摔破！
果肉填了虫蚁的饥腹，
霉菌占有了变味的残渣，
唯有那硬壳保卫的种子，
还安然无恙，生路未绝！
但是它若在原地不动，
命运也同样可悲可怕，
它在来年萌生的新芽，
属于它的是压抑和践踏！

1988.4.2

如果我感到寂寞

如果我感到寂寞，
如果我感到忧伤，
如果我感到岁月无聊，
没有人可以倾诉衷肠，
我就去拜会诗国的园丁，
让他们摘几颗仙果品尝。
一旦几颗仙果入肚，
眼前世界马上变样，
我不只有了忠诚的密友，

而且有了尊荣的师长，
甚至青春的美梦复归，
爱的热血在胸中激荡！
伟大的事业那么诱人，
永恒的笑脸那样慈祥，
生命并没有衰朽的威胁，
也无须辗转于世态炎凉！
纵使死神走到面前，
我也潇洒地忘情歌唱。
因为我的歌是青春不逝之歌，
她的旋律与天地共久长！

1988.4.3

我很想把人世之美……

我很想把人世之美，
凝聚在一首诗里，
让人们读过之后，
永恒地爱这人世！
我很想把人生之善，
凝聚在一首诗里，
让人们读过之后，

深知人生的价值！
我也很想把生活之真，
凝聚在一首诗里，
让人们读过之后，
为事业奋斗不息！
但一首诗终究会容量有限，
它只能容纳一个主题。
——那就让这个主题成为一盏照路的明灯吧，
把人们引向那真善美的圣域！

1988.4.3

我要让我的诗篇……

我要让我的诗篇，
像星星一样撒满人间！
我要让我的诗篇，
像星星一样灵光闪闪！
天上的星星，
织成一个美丽的星空，
夜夜守护着人类宁静的睡眠！
而我的诗篇，
却织成一片灵光闪烁的网，

向人类显示：
一个诗魂的
美的不朽，
爱的威严！

1988.4.4

当一对对恋人从我身边走过

当一对对恋人从我身边走过，
我就自然地联想起，
我的终身伴侣，
在三十年前，
已被灾难和不幸吞没！
但命运推给我另一位恋人，
她就是青春永在的“生活”！
只要与她诚心相爱，始终不渝，
她会给我慰安，给我温暖，
让我生活得幸福，洒脱！

1988.4.4

昨天为祖国倒下的先烈

昨天为祖国倒下的先烈，
支撑着华夏的这一片苍天！
让风云兴会不失时节，
让日月的光辉洒遍人间！
我们活着的使命是辛勤地耕耘，
让祖国禾谷飘香，百花争艳，
也莫忘烈士的鲜血是一面明镜，
它随时都映照着我们的容颜！

1988.4.4

挖掘

矿工，
请你深深地挖掘，
再深深地挖掘！
更好的矿藏，
更多的矿藏，

还在下面，
在下面，
不错，
越挖离地面越远，
离太阳越远，
离安全越远，
但你只要把最深处的宝藏挖出，
你生命的潜能才更为彰显，
你的年华才更有价值，
你才能以新的面目在现实中出现，
你才感到天上的阳光更加灿烂、更加温暖，
你的生活也更能放射出欢爱的光华！

1988.4.4 下午

心花是世界上最美的花

心花是世界上最美的花，
她与一切鲜花在并蒂开放！
春天她陪同艳丽的桃李，
夏天她伴着芙蓉、丁香，
秋天她与菊花同笑，
冬日她与梅花争芳！

那些四季常开的鲜葩，
有她相映，绚丽异常！
美色一现的珍贵的昙花，
有心花簇拥更添色相，
世界本是花的园圃，
角角落落有鲜花开放，
而美的心花常开不败，
人世生活灿烂辉煌！

1988.4.6

我把日日夜夜当作一颗颗珍珠

我把日日夜夜
当作一颗颗珍珠，
我用思想的线
把它们串起。
随着日夜的增加，
珍珠串又长又绚丽。
它们在辉映之中，
终于出现奇迹——
白天太阳升起，
寻不到两头的起止，

夜里星斗满天，
映不出它的边际！
它不只是时间的瑰宝，
且成了空间的珍奇，
我那条思想的线，
是主宰这一切的神理！

1988.4.9

大地

大地，
我现在深感你存在的真实。
不管我在人世上走到哪儿，
你都给我支持，让我偎依！
如果痛苦，我就痛快地哭泣，
因为我知道我流出的眼泪，
可以一滴滴洒落在你的胸怀，
你不只接受，
而且会深沉地藏在心底！
如果我生活中有了欢乐，
我知道因为你的爱与温暖，
我的欢乐也会更加饱满和充实！

啊，大地，
因为深感你存在的真实，
我的爱也变得深沉有力！

1988.5.2. 上午

人生的路

人生的路已剩不多，
应该走得踏踏实实！
应该走出美的步态，
走出潇洒，走出英武！

但走路不是为了让别人观赏，
是为了实现事业的壮志伟举！
摆在面前的每一步险阻，
都可绘一幅生死大节图！

1988.9.1

一片绿叶，一朵鲜花

一片绿叶，一朵鲜花，
她带给我的是永保纯洁的年华，
她炫耀着大自然的不朽之美，
纵有枯荣，仍不失为太古本色！
因此我爱在田间徜徉，
因此我爱在山野里跋涉，
因此我把良知不失的希望
交托给昼夜永新的日月！

1988.12.24

我的爱就如一颗炸弹

我的爱就如一颗炸弹，
一旦献给我的情人，
她就要受到可怕的震撼，
她就要面临一次生死的抉择，
不管她情愿不情愿！

我的爱又如一面明镜，
一旦献给我的情人，
她就会借以看清自己的容颜，
妍媸与她的清醒为伴，
不管她情愿不情愿！

1988.12.28

我有能力在天空雕出……

我有能力在天空雕出一朵永不凋谢的鲜花，
我也有能力用海浪塑成一尊永在的美的雕像，
在陆上，我可以留下不朽生命的光辉的印迹，
虚幻的世界里，我可以自立为非凡而威严的
主宰者！
抛开那些自我摧残的桎梏吧，
粉碎那些亘古不变的墓穴吧，
丰富与贫乏需要全新的内容和形式，
相信人间有可资信守的美的法则吧！

1989.1.11

是宁静孕育雷霆

是宁静孕育雷霆？
是雷霆孕育宁静？
我混迹于宁静雷霆之中，
在宁静与雷霆中闯荡人生！

浮沉自有抑扬顿挫，
消长会见影色纷呈，
我既与雷霆之威相伴，
又与宁静之美争恒！

1989.1.14

我的心灵是一个战场

我的心灵是一个战场，
交战双方是希望和绝望。
它们白天杀得天昏地暗，
夜里杀得星月无光！

希望从来不甘失败，
绝望更加凶悍、顽强，
谁也不肯退出阵地，
都想独自称霸称王！
什么时候宣布停战？
直杀到我头上降临死亡？
啊，那就让它们战斗的血火冲走一切吧，
除了永照人世的真善美的太阳！

1989.1.26

祖国的大地上夜幕降临

祖国的大地上夜幕降临，
我漫步在浩瀚无垠的旷野，
昂首阅读夜空的星空！
我知道这辽阔的神州大地，
处处有夜读星星的公民，
长城上似有古人在漫步，
长城下有我生命的足音！

1989.12.3

如果精神永生的代价

如果精神永生的代价
就是肉体生命的永毁，
你也要接受这残酷的现实，
不要怨愤，不要伤悲！
那就以清醒自我调节，
让肉体生活得充实、壮美，
每一节筋骨，每一滴鲜血，
要为精神的不朽而时刻有为？

1989.12.3

人生在世的头等要事

人生在世的头等要事，
莫过于点旺捍卫真善美的爱憎之火！
不然就可悲地抛弃了生活。
不然就坠入黑暗和邪恶！
现在你昂首向前挺进吧，

面前永远是创造的欢乐！
将来还可以回首来路，
唱一支壮心不已的暮年之歌！

1989.12.15

人生什么都可以丢失

人生什么都可以丢失，
但活着不能丢失自己的醒魂！
它是奋斗人生的最好伙伴，
是捍卫生命的常胜将军！

那些使人误入歧途的暗夜，
那些围攻真善美的邪恶、荒淫，
不乘醒魂暂失之隙，
岂能杀害伟岸人尊！

1989.12.18

绝望之中会产生疯狂

绝望之中会产生疯狂，
疯狂自然又加深绝望，
两者一旦形成恶性循环，
生命便迅速地滑向死亡！
陷于绝望后，请速速自救，
疯狂的堕落者，快寻找天光，
天上日月既然不坠，
就有道路走出绝望和疯狂！

1989.12.19

肠泳

九曲回肠，
岂止九曲，
如果你真的舒展开来，
与人体相比，
你将是怎样的一个长度，
但你终生不能舒展自我，

你只能在腹中蜷缩以处，
唯有依靠脊背的支柱，
你才能奉献自己的勤苦！
你的工作不分昼夜，
而且在夜中尤为忙碌。
不管是怎样的粗糙的原料，
经你加工，都会变成养生的宝物：
思维的智能可谓神奇，
肩臂之力斩蛟擒虎，
手中有多少奇美的律动，
人体可成永恒的雕塑，
而它们有谁离你而存在？
谁不是靠你的热力的供输？
而且为了让它们展示活力的风采，
你还分担着压抑和悲郁！
有时竟至于“忧肠寸断”，
经常的处境是“牵肠挂肚”。
哪一个有卓越成就的人物，
不困于“忧肠百结”的际遇？
更可悲的是一旦横祸发生，
你最容易遭受刀枪之戮，
请看尸体枕藉的战场上，
多少断肠流滞焦土！

1989.12.23

从孩提时起

从孩提时起，
我就迷信永恒，崇拜永恒，
梦想永恒，追求永恒，
随着岁月的推移，识见的与日俱增，
我的生命渐渐坠入永恒之梦！
爱憎的天地被永恒占领，
壮年岁月艰难而悲壮，
永恒与死难如影随形。
我目睹了亿万爱国志士，
为永恒献出了宝贵的生命，
但我并没有因此而坠入绝望，
我仍为永恒敬献血诚，
我知道我今生要想得救，
只能靠永恒的博爱，圣明！

1989.12.29

苍天低头面向着我

苍天低头面向着我，
我仰起头来面对苍天，
我们彼此都想诉说什么，
我们又始终相对无言！

大地昂首注视着我，
我也俯首凝看大地，
我们都想一抒胸臆，
我们又始终默默无语。

由于负不动窒息的痛苦，
苍天掀起风暴，掷出雷霆，闪电。
大地也发生地震，爆发火山，
盛怒给人世带来灾难！

也许因为我压力太大，
或者是理性控制了情感，
不然我也像大地和苍天，
化爱憎激情为壮美诗篇！

1990.1.1

山河

山河，与人类史共存的奇美的音乐！
高高低低的永恒的音符，
层层叠叠的永恒的音波，
迷醉了多少画家、诗人，
陶冶了多少豪杰、明哲，
即使是纯朴的山民、樵夫，
即使是浪迹天涯的倦客，
也会在色彩的旋律中咏唱古今，慷慨击节，
为岁月献出赤诚的热血！
啊，天上的跋涉者——浮沉的日月，
渲染着它意境的雄伟壮阔，
朝朝暮暮中有多少不凡的节奏，
激荡着文明史的雄强脉搏！

1990.1.19

不必悲伤，也不要沮丧

不必悲伤，也不要沮丧，
我的窗外有无限阳光。
这阳光对于我的生命，
是无穷无尽的美的宝藏，
只要抱有探索之诚，
视野里就不会荒寂、凄凉。
即使是一株单弱的小草，
也是在自信中奔赴希望。
更何况巍巍高山、茫茫川原，
为岁月孕育万千气象，
用竭情思，难穷高远，
勃勃生机永世辉煌！
死可谓存在的最大悲剧了，
但伟大的死是生命的最崇高的乐章，
不是它为永恒的人生加冕，
使之千秋万世与日月争光！

1990.6.13

明亮的新星

在我广阔而深邃的心胸，
升起了一颗明亮的新星，
这新星就是生命之爱，
它诞生于性灵的赤热与坦诚！
我何必担忧坎坷的人生，
步步险难，灾患无穷！
胸中炽燃着生命之爱，
会为我照亮辉煌前程！

1990.9.26

神州的上空有我们的国魂

我相信，
神州上空有我们的国魂！
不然，屈子不会行吟泽畔，
子长不会忍辱行文，
岳武穆将寻找世外桃源，

文天祥会向异主称臣！
北国何需长城巍峨，
南疆何必血溅虎门，
日月普照的寸寸国土，
也不会留下英雄的血印！
啊，展读民族历史的长卷，
斗争的风暴纵贯古今，
历代爱国者前仆后继，
血的洪流激荡人心，
就是因为，
神州的上空有我们的国魂！

1990.10.31

人世间，不会缺少光明

人世间，
不会缺少光明。
不信，
你打开诗集，
不管是哪一本，
不管作者是谁，
惠特曼，

泰戈尔，
艾青，
叶夫图申科……
那书架上的所有的诗作，
即使是刚刚付梓的新诗人的作品，
都会将人间的光明献给你，
那么强烈，
那么炽热，
那么震撼人心，充溢着激活性灵的生气！
手拿诗集，
你会发现，
眼前的世界是那么广阔，
那么灿烂，那么充满活力，
人生的道路是那么长远，
那么神秘，那么多魅力令人神驰！
爱也像天空的自由风云，
有时飘逸，有时狂涌，
甚至还像钢铁绳索，
勒得你全身疼痛，心灵窒息，
不要说那思想的野马，
被诗句牵引，受诗意鞭策，
会一逞万古不羁的神性，
碧落黄泉，连上帝的禁苑也敢去游历！
什么暴君的宝座，
什么独裁者经营的牢狱，

什么恶徒掘下的暗窟，
邪恶势力的血腥的领地，
都会在诗句的铿锵步韵中移向阴暗，移向虚弱，
失掉祸害心灵的能量，
被逼走向寿终的归宿！
啊，在诗人面前，
世界不会坠入幽暗，
人们正在向光明进发……
你在诗的王国里高擎着爱的旗帜，
伴同着诗人在征途上前进！

1991.8.23 下午

采集生命的阳光

我采集生命的阳光，
已经几十年。
如今我还继续采集。
不管走到哪儿，
不管遇到怎样的不幸和灾难。
生命的阳光采集不易，
但有心人可以独具慧眼，
随时随地都会有发现的喜悦，

心灵中总充溢着光明和温暖。
现在我在登“暮年”险峰，
采集阳光别有胜境，
那一束光照万古的生命的阳光，
要采它需登上奇险的峰顶！

1993.3.23

生活

我一会儿把天扩大，
一会儿又把天缩小，
一生就做这样的游戏，
从年轻到年老！
天对我也采取同样态度，
它一会儿宠我，一会儿又辱我，
一会儿扶我站起来，
一会儿又把我打倒，
看顺境里我是否能避免堕落，
而逆境里又能否显示雄豪！

1995.10.1

病中吟

生命的任何时刻都是过往的结束、未来的开始，
衔接既往和将来的此刻就是生命本体的体现，
它囊括人世上所有的人生的含义。
美善或丑恶，灾祸或福祉，痛苦或欢乐，真实或空虚。
都在此刻作为载体显示它们的律动或形质，
参与大千世界生存史的永恒的演绎。
对付生命的此刻的智慧和能力，
显示着当事人的品格优劣，修养高低，
而且永远是生命的全部投入和全力以赴之举，
其内涵与形式的复杂多变堪与天下万有的存在媲美！

1996.2.29

苍天让我立于大地

苍天让我立于大地，
大地让我仰望苍天，
一立一望成就了我的生存形象，

我昂首立于天地之间。
我的人生大业，百年大业，
是不辜负苍天屹立人世，
不辜负大地视野高远，
在天地人这支生命的交响曲中，
个个音符都扣人心弦！

1997.8.19

漂游在我院宇的上空的云

漂游在我院宇的上空的云啊，
感谢你们为我带来了岁月的诗意，
你们那处于高远空阔的闲逸情态，
给予我多少灵性的启迪！

黄昏的阳光把你们渲染得圣洁又灿烂，
我的双眸被你们的灵光洗濯得清澈而灵异，
凭你们我看到了生命的另一种圣境，
我的灵魂因此又多了幸福的偎依！

2001.10.16

星空

这是我今生最美的一次暮秋之夜的观星享受，
那猎户星座，大犬星座，
仅仅两个星座，
就足以荡尽我胸中的哀愁。
此外，
金牛星座，小犬星座，御夫星座，双子星座，
星座连星座，密密麻麻，向天际展布，
这俯对我生命的浩瀚的星空啊，
展示了人间怎样的一种永恒之美！

2001.10.10

美丽的原野，辽阔的原野

美丽的原野，辽阔的原野，
我大步向你走去！
是为了生命的无尽头的开拓。
我知道你深藏着神秘的远古，
你拥有现实的繁复的美色，
只要久久地徜徉于你的风光之中，

生命便永保纯朴和圣洁！

2001.10.19

深夜醒来

深夜醒来，
室内一片宁静。
这宁静来自家院的宁静，
同时又来自村野的宁静，
更是来自自我心中的宁静。
啊，就是这心中宁静使我的生命稳坐在它的宝座，
正常地生活，醒对永恒！

2002.4.19

修炼

“看破世事惊破胆，
识透人情冷透心！”
古人明确地告诉我，

人生出常的残酷、艰辛！

不眠之夜，撕心的时刻，
生死线上磨炼真人。
捧着伤残的心达观地修炼吧，
修炼那出常、超凡的佛心！

2002.9.30

失眠之夜

失眠之夜，
遭受折磨，
突然眼前出现一棵巨树，
独立苍茫，
伟岸挺拔！

我知道，苍天和大地都在倾听，
树魂的生命的高歌。
我虔敬地向树走去，
无忧地吟哦！

2002.12.12

新的太阳冉冉升起

新的太阳冉冉升起，
我的脚下又铺上了阳光，
这是上帝要我六十八年的生命工程，
再添一份业绩的辉煌！

我走向旷野沐浴清风，
我静听野林中晨鸟的歌唱，
我让天地间醒来的自然之魂，
为我的岁月注入灵光！

2003.3.10

死神要我离开人世

死神要我离开人世，
自然要掐断我的人际关系，
让世人看到我生路已绝，
放心地对我做最后处置！

因此我要反抗命运，
继续书写人生的历史，
鏖战死神获生之后，
还需重新开辟生存天地。

2003.3.12

少年时憧憬“前程远大”

少年时憧憬“前程远大”，
青年时热衷于“胸怀天下”，
壮年时迷恋“豪情满怀”，
中年时信奉“坚韧不拔”。
老年到来，苍颜白发，
心有所欲而力不足，
渐渐亲近“知足常乐”，
人生舞台在风雨中颤摇，
立足之地险戏又僵仄，
“愚者守静”成了友伴，
“静以致远”在心中安家！

2003.3.17

时间

上帝赐给我的时间，
是创造人间奇迹的时间，
上帝赐给我的空间，
是创造生命的伟业的空间，
此外，命运给予我的所有友伴，
都浸润着人世生存的光暖。
而如果虔诚地回首既往，
岁月又充满智慧的灵感！

2003.4.20

碧野、绿树、苍旻、远山

碧野、绿树、苍旻、远山，
都在陪同我战胜苦难。
苍空那轮辉煌的太阳，
用光焰锻铸着我的肝胆！

道路一步步向前延伸，
心中翻涌着情思的波澜，
人间千古属于征人，
前仆后继中立起人的威严！

2003.8.20

我又在晨光中敞开大门

我又在晨光中敞开大门，
面对人世醒着生活。
来到我门前的野外清风，
热情地走进了我的院落，
门前那望不到边际的碧色，
阳光中格外鲜丽、圣洁，
与碧野同在的虫鸟的晨歌，
曲调何等优美、欣悦！
我向苍旻挥手致意：
请你尽情地倾泻灼目的光华，
光明世界的瑰丽多彩，
令坦荡胸怀更加开阔！

2003.8.22

我很清醒

我很清醒，
漫漫长夜里天上有明星，
茫茫大地上有巍巍高峰，
白天有光辉灿烂的太阳，
照耀着我的人生征程！

我很清醒，
不管白昼或者黑夜，
我都应守住人的尊严，
只有不失为人的尊严，
才无愧于面对多难的人生！

我很清醒，
天地间有伴我奋进的神明！

2004.1.16

在我生存的空间里

在我生存的空间里，
端立着我的神圣。
这神圣使大地不陷，
这神圣使苍天不倾！

生命与神圣相伴，
人间无限光明！
受到神圣的鼓舞，
生路步步有情！

2004.1.16

温暖的阳光里

温暖的阳光里，
自由地飞行着我的思想。
思想化为语言文字，
岁月的脚步不停地前行，

生命感受着美与光亮!

温暖的阳光
把无垠的天地点化为生命的天堂。
只有人类可做歌唱的天使,
陪伴着神灵永恒地歌唱!

2004.1.24

偶题

怀着恶意的阴森的眼睛,
在对着我的孤傲冷笑。
它们以为发自阴暗心性的烈烈毒焰,
会把我的骾骨烧焦!

殊不知阳光之下的大千世界,
亘古矗立着神圣、崇高,
大恶大美即使千秋对峙,
造化也不会正邪颠倒!

2004.1.26

白昼，大地上洒满阳光

白昼，大地上洒满阳光，
夜中又洒下月光和星光，
岁月用三光创造奇迹，
大地上立起人间天堂！

何必说万古永在的神灵，
醒梦中捍卫着人类的信仰，
人神共有的智慧和劳动，
主宰万有，地久天长！

2004.2.2

危难的生死关头

危难的生死关头，
我提笔留下了墨迹。
无形的精神境界，
赫然在眼前屹立。

所谓一字千金，
不单是书艺的价值，
是高扬的精神气质，
在字中与美相依！

2004.2.3

属于自己的生命的阳光

属于自己的生命的阳光，
不要让别人污染。
也应该深刻地领悟，
唯有自己的阳光光辉灿烂！
凭什么驱散世上迷雾！
走穿漫长人生的凶险！
有自己创造的生命的太阳，
不会葬身于俗恶的深渊！

2004.2.16

三个手牵幼儿的年轻母亲

三个手牵幼儿的年轻母亲，
立在街旁醉心地闲聊。
三个不安静的花团锦簇，
鼓舞着三个女人的灿烂的笑。

我看到这幕街头晨景，
融融春意胸中缭绕，
人间毕竟青春永驻，
如水年华不会衰老！

2004.2.16

天地是一幅长轴

天地是一幅长轴，
可悬可舒可卷。
人生是一支彩笔，
可卧可立可旋。

有为人生笔舞龙蛇，
辉煌业绩墨化云烟，
世上多少书画圣手，
成就文明历史的璀璨！

2004.2.21

我不会为岁华铺添锦绣

我不会为岁华铺添锦绣，
更不会给她制造灾伤。
我要以生命的理性之光，
阅读她的寒来暑往。

理智地认知她的虚实，
欣赏她心脉的奇妙乐章，
自然升华平庸人生，
为人间日月增添光亮！

2004.2.2

自从获得生命

自从获得生命,
真善美就跟着我潜走,
它是我生命的灵魂,
它要我追求不朽!

现在我才领悟到,
生命何等富有,
只要醒对一切,
万有都给我福祐!

2004.2.24

远望无边的辽阔

远望无边的辽阔,
驰骋我的思想,
无限空间乘以无限时间,
生命的主题地久天长!

主宰这个主题的真善与美，
是与日月共辉的人间灵光。
灵魂得它光热的塑造，
可成天堂神灵，俯瞰沧桑！

2004.2.25

身体好转之后

身体好转之后，
眼睛变得明亮，
往日看不清的远距离对象，
现在不再渺茫。

更显明的是看事物的角度，
病前病后大不一样，
有许多过去仰望的东西，
现在，看它们已用平视的目光！

2004.2.16

雨水，一滴一滴

雨水，一滴一滴，
从苍茫高空落向大地，
它要敲开大地的心扉，
要它汲取，要它孕育！
大地接受了雨水的恩施，
开出鲜花，结出果实。
生命的活力万古不竭，
血流哺育着永恒上帝！

2004.8.17

未来是一颗明星

未来是一颗明星，
高悬在寂静的夜空，
引领人世上的醒者，
憧憬美好前景！
我终生信仰未来，

心中闪耀着光明，
面前美景无限，
太阳在梦中上升！

2004.10.4

天上有一颗属于我的星

天上有一颗属于我的星，
它为我照耀，为我运行，
为我重负漫漫长夜的黑暗和幽独，
证实着人间有永恒的光明！

面对属于我的夜空的星，
我献上生命的信仰与血诚，
集世间神明于区区形骸，
化万变瞬息为不朽的永恒！

2004.10.30

茶杯中注满茶水

茶杯中注满茶水，
也倾入了正午的阳光，
举杯茶水入口，
光暖也流入内脏。

久饮有阳光的茶水，
会获得身心健康，
因为只有光暖，
是滋育灵魂的琼浆！

2004.11.1

对比不幸者

对比不幸者，
我是有幸之人，
对比有幸者，
我仍是有幸之人。

世上山峰，
都有它的自立自尊，
夜天星斗，
都有它们发光的命运！

2004.11.2

太阳月亮在古人的眼中

太阳月亮在古人的眼中，
竟有这样一个共性，
它们既可前行又可后退，
那拉引它们的双马在向背而行。

面对这充满哲思的形象，
我的眼睛又看到了更深邃的生的光明，
因为生命不只向未来前趋，
还可向既往开拓新生！

2004.11.18

歌星

微昂起头，
高扬起手，
眼望远方，
放开歌喉，
每位歌手都是这样，
面向长天，
拥抱宇宙！
歌声与激情相伴，
人间天上的阻隔尽消，
光明随着声律颤抖！

2005.3.7

光明是我视觉的财富

光明是我视觉的财富，
声音是我听觉的财富，
生命有了视听的财富，

我的灵魂才能陪伴天主。

每当我从睡眠中醒来，
都听到天主对我的祝福。
他祝我永保理性的聪明，
善待生命，珍爱它的拥有！

2005.4.3

属于我的世界

属于我的世界，
属于我的国度，
是自然万象，人世万象，
是世事沧桑，生死角逐。

我把这杆旗帜，
立在天国神府，
让它千古飘扬，
让它飘扬千古！

2005.5.14

醒来的灵魂是张琴

醒来的灵魂是张琴，
美曲出自理性的弹拨。
理性的手指不仅要圣洁，
还需要激情，需要高雅！

只要醒着灵魂不失理性，
动人的旋律便涌流不绝，
不论面前是昼是夜，
不管历经多少灾祸！

2005.5.17

阳光普照

阳光普照，
人间万有辉煌灿烂，
沐浴阳光，
身心感受着无限光暖。
午夜醒来，

生命被裹入幽独和黑暗。
想到阳光,
眼前又出现温暖的明天!

2005.5.22

每当我午夜醒来

每当我午夜醒来,
痛苦得辗转不寐,
上帝便坐在我的床边,
给我关照和抚慰。

他给我讲“永恒”的故事,
为我唱“永恒”的歌曲,
他鼓舞着我战胜痛苦,
说这就是给“永恒”的献礼!

2005.9.30

我们生活的生存空间

我们生活的生存空间，
就是我们生命的天堂！
我们在这儿呼吸新鲜空气，
在这儿沐浴和暖的阳光，
在这儿看天下五彩缤纷，
在这儿感受生事沧桑，
在这儿爱，在这儿憎，
在这儿凭自己的天赋才情，
为理想信仰日夜奋斗，
直到成长为立世之才，
人格伟岸，事业辉煌！

啊，我们生活的生存空间，
就是我们的生命的天堂。
只有在这儿才能尝遍人生百味，
淋漓尽致地面对人生百态、是非善恶。
凭自己的才能，自己的意愿，
完善自我，最终听到神灵的歌唱！

2005.12.24

我很幸福，我很幸运

我很幸福，我很幸运，
我又踏着阳光走出家门。
一望无垠的苍茫大地上，
又将响起我脚步的声音。

这脚步声就是生命的诗句，
它歌颂开拓，歌颂创新，
主题永远是登高望远，
胸怀博大，拥抱古今！

2005.12.25

我在乡村的小巷里散步

我在乡村的小巷里散步，
我享受着小巷的安全和寂静。
我的一腔爱国情怀，
就与这小巷相依为命！

我战胜死神的气功奇迹，
落在纸上的时代心声，
就在这无名的小巷里出现，
那么自然，那么从容！

2005.12.27

从死神指缝里漏出的时间

从死神指缝里漏出的时间，
是上帝撒向人间的至宝。
谁能积累这样的财富，
谁的生命力便大幅度提高。

我一次次走出死的阴影，
也一次次增添新的荣耀，
似乎人生业绩待死神剪彩才现光辉，
而不朽的生命更需要死神参与缔造！

2006.1.15

冬天的太阳徐徐升起

冬天的太阳徐徐升起，
阳光四射，无声无息，
沉重的夜梦驱散之后，
又感到人寰有了诗意！

这诗意来自新升的太阳，
它宁静致远，目标不移，
它不朽生命的神圣光华，
照引世人创造奇迹！

2006.1.16

太阳陪伴我，以它的光明

太阳陪伴我，以它的光明，
星月陪伴我，以它的光明，
光明的太阳星月与我为伴，
是为了让我有光明的心灵！

我以光明的心灵阅世，
我以光明的心灵内省，
最终我也成为光明的使者，
陪伴着日月在时空中蹒行！

2006.6.15

非常的境遇

非常的境遇，
非常的人生，
必须有非常的思想境界，
不然何以把握命运。
怎样战胜灾祸与伤害？

时空蕴含的无穷玄机，
是爱的长河，汹涌澎湃，
它担负着人间的所有拯救，
非常的境遇也不例外！

2006.9.21

既然见过大的世面

既然见过大的世面，
也应该认识小的天地，
宏观世界与微观世界，
都写着文明进化的历史。

不与邪恶狭路相逢，
怎能探讨人生的真谛？
奇灾大难的惊险之中，
往往伴有命运之神的恩施！

2007.1.30

天国的浩浩长风

天国的浩浩长风，
来我的家院探访，
捎来了远山的问候，
带来了旷野的芬芳。

瞬息间我的家院，
与天地共负炎凉。
心胸随之开阔，
散去了阴郁，怅惘！

2007.6.12

我仰起头来面对天空

我仰起头来面对天空，
面对天空阅读诗文，
白昼的诗篇，夜晚的诗篇，
都内涵无穷，意韵常新。

瞬息万变的流光溢彩，
神化着风云雷电，日月星辰，
似乎体现人生奇幻的一切，
都可以从天空捕捉到底蕴！

2007.6.14

青年时期得一美梦

青年时期得一美梦，
天空写上了我的诗句，
历经死劫年至七旬，
突然忆起那梦中壮举！

今天抬头仰望天空，
茫茫苍苍，浩瀚如初，
虽不再做天空留诗的梦，
却有了自豪的人生回顾！

2007.6.15

每当打开家院的大门

每当打开家院的大门，
便会迎来我的诗神，
她知道我的心路与世事相通，
仍有俯瞰天下的胸襟！

诗神即为此引领天光，
助我酝酿胸中风云，
视我家院为诗的殿堂，
令我的诗思灵光常新！

2007.6.21

岁月为人生列出难题

岁月为人生列出难题，
检验人生的品格与才能。
人生在解答岁月的难题中，
完善自我，走出困境。

当岁月列出重量级难题，
要被检验者将面对辉煌人生。
而这类难题的完满答案，
却往往在岁月的神奇的手中！

2007.6.25

鸡鸣声中

鸡鸣声中，
睁开眼睛，
人间又走来新的黎明。
这是上帝赠送的至宝，
你需燃烧着热血欢迎！

如果你曾经战胜过死亡，
这白昼更添耀眼的美景，
什么都罩着迷人的光环，
你的灵魂将升向圣明！

2007.10.5

每人的头上都悬着一把达摩斯利剑

每人的头上都悬着一把达摩斯利剑，
理智、自重者知道敬畏，
愚暗、贪墨者视而不见，

达摩斯利剑的或隐或现，
书写着人类历史的奇观！
人生灾难这支达摩斯利剑，
始终斩不尽人世的愚顽，
那些被名与利裹挟的野心家与狂徒，
至死也不理会“苍天有眼！”

2007.11.18

灾难是魔鬼

灾难是魔鬼，
灾难是神灵，
人被伤害或得拯救，
都假灾难之手而行！

守着灾难坐以待毙，
或因灾难接近神明，
是人人面对的人生课题，
它时刻体现在岁月之中！

2007.11.20

从我身边掠过的风

从我身边掠过的风，
它将远征去什么地方？
投射到我身上阳光，
蕴含着多少神奇的宝藏？

我的呼吸是神奇的风，
灵魂的瑰宝怎能限量？
我有何理由不鞭策自己，
陪同着风与阳光在永恒中翱翔？

2007.11.22

太阳只管在前边赶路

太阳只管在前边赶路，
并不把我放在心上。
它知道我在加速追赶，
肩上压着沉重的希望！

我们就这样朝朝暮暮，
载沉载浮，阅历沧桑，
前有光明，后有追求，
若即若离，相依相傍！

2007.11.22

时间向你馈赠礼品

时间向你馈赠礼品，
往往有一段神秘的距离，
如果你缺少智慧的耐心，
很难把礼品拿到手里。

但时间对你进行惩罚，
距离却往往近得出奇，
它那出乎意料的快速，
正所谓“迅雷不及掩耳”！

2008.2.25

命运之神与我们为伴

命运之神与我们为伴，
我们向未来岁月进发，
我们去认识新的面孔，
我们要创造新的生活！
过去没有解开的难题，
还可继续进行探索，
重要的是走出新的脚印，
征服新的挫折与坎坷！

2008.6.23

生命之宝

生命之宝，
是万汇大千，
包括你的仇敌，
和给你伤害的各种灾难。
而要推举宝中之宝，

应是你感受生之爱憎的高尚灵魂，
是它为你巍巍立起，
千古不朽的人的尊严！

2008.6.28

有了时间

有了时间，
有了空间，
就有了属于你的历史。

正确地面对时间和空间，
命运便不会把你抛弃！

而珍惜时间，
珍惜空间，
自能支持你安渡危机！

2008.6.29

脚下的土地

脚下的土地，
头上的苍天，
我应该弄明白，
它们的内涵。
而作为人，
在天地之间，
是否也立起了
我人的宣言？

2008.7.3

夜又来抚慰我的醒魂

夜又来抚慰我的醒魂，
用它的辽阔的灿烂的星空，
用它的无边的黑暗与沉寂，
用它的拥抱千古的梦！

因有她做忠实的伴侣，
浮躁的心归于平静，
一切都无碍思索与回忆，
虔诚又托起了良知的感激！

2008.7.3

每次练功

每次练功，
我都与命运之神相遇，
他向我证实不朽的神——自然运化，
永远跋涉在制胜的征途。

艰难事业贵在坚持，
自强不息自得神助，
生存不只是时段性的个人存在，
生与死共写人生的史书！

2008.9.9

一条生路，一条死路

一条生路，一条死路，
两条路同时摆在面前。
人的生存之路所以艰难，
是时时都得接受选择生死之路的考验。

最可怕的是两条路诡秘地扭结在一起，
智慧不济无法分辨，
有的即使有这种智慧，
素养有亏也难以征服艰险！

2008.9.17

地上的光

地上的光，
天上的光，
相互映照，
灿烂辉煌。

最神圣的是圣洁的心灵之光，
它照耀我们，
温暖我们，
这人世才真正充满希望！

2008.9.20

命运之神与时间偕行

命运之神与时间偕行，
时间的脚步就是命运之神的脚步。
日升日落、四时交替是时间的财富，
也是命运之神的慷慨施与！

珍惜时间，勤奋进取，
为时间的财富增加积蓄，
与之伴行的命运之神，
也将更显神通，消灾赐福！

2008.9.29

阳光

阳光，
为我铺好了眼前生路，
踏着它我从今天走向明天，
我从此处走向彼处，
我穿过无数艰难与险阻，
走出了我独有的漫长征途！
因为踏着阳光前行，
视野开阔，心无旁骛，
才能揽眼前胜景于广阔的胸怀，
亦有一路豪情为我前驱！

2008.10.23

珍惜阳光我有了思想

珍惜阳光我有了思想，
珍惜阳光我活得顽强，
珍惜阳光我爱憎分明，从善如流，

珍惜阳光我不屈地奋斗，永不绝望。

我把阳光视为神灵，
我把阳光比作救星，
它是生命的神圣信仰，
是与不朽之魂相依的永恒的光明！

2008.11.18

承受着重病的躯体

承受着重病的躯体，
再也不能承受忧伤。
忧伤是自毁长城的灾祸，
智者都警惕它的潜游暗长。

我能一次次摆脱病危，
也因未以忧伤自戕。
坚毅的奋争支持着希望，
走出黑暗重见天光！

2009.10.14

我不知道怎样歌唱希望

我不知道怎样歌唱希望，
我知道希望支柱着生命。
只要我心中不失希望，
我就生活在幸福之中！

不要小看一线天光，
它就蕴含着生的希望。
世上有多少希望的因素，
鼓舞着我们坚毅地成长！

2009.10.30

晚上天色渐渐变暗

晚上天色渐渐变暗，
清晨天色渐渐变明，
这昼夜之交的渐暗渐明，
不知不觉中送走人的一生。

我的生存过于麻木，
忘记了警惕平易中的奇警，
直到暮年才醒悟到，
这晨昏的明暗是日月行迹的匆促迹影！

2010.1.2

今生今世

今生今世，
得诗神眷顾，
我的生命，
百年过隙，
诗魂永驻，
祝人间正义，
振兴中华民族！

2010.1.10

梦中与学童们生活在一起

梦中与学童们生活在一起，
他们的幼稚，他们的天真，
焕发着生命的勃勃生机。
什么老朽，什么困滞，
就像附在鸟羽上的尖上，
鸟一展翅便散落无遗。

天地空阔把心灵灌醉，
生命值被幻想注满诗意！

2010.1.28

我的脚下的神圣的土地

我的脚下的神圣的土地，
是你支持我屹立人世，
是你陪伴我登高望远，
并与我共负人生灾难！

我所坚持的生之信念，
都得到你的鼓励和称赞。
我的心中希望永在，
是因为有你做永恒的靠山！

2010.2.8

时间悄悄地来

时间悄悄地来，
时间悄悄地去，
对于人世善恶，
它无声无息，
不管不顾，
只是人类借它留下行进的足迹。
时间才变成文明进化史的长卷，
介入永恒，
俯瞰万古！

2010.3.28

生命的最大幸福

生命的最大幸福，
莫过于敏于思考。
思考日升日落，世事沧桑，人生浮沉，
思考真善美的发现与创造。

但思考也是条拓荒者之路，
它充满艰辛，
要历经磨难，不惮忧劳！
披荆斩棘，筚路蓝缕，
时刻在使命的重压下煎熬！

2010.9.17

人到老年

人到老年，
夜不成寐便是凶险。
要想平安地迎来明天，

夜里必须有充足的睡眠。

因此老年人要心胸开阔，
长于仰视，视野高远，
淡定自己眼空四海，
处世为人，
绝俗超凡！

2010.10.1

平原乡野的迷人美景

平原乡野的迷人美景，
莫过于夕阳沉落，朝阳上升，
夕阳身后是幽深的长夜，
朝阳带来长昼的光明。

就是这晨昏的日升日落，
构成了漫长岁月的人生征程，
让沧桑世界中的一代代人间过客，
毕生享用开掘不尽的画意诗情！

2010.10.5

每当曙色向我走来

每当曙色向我走来，
我都看到她那温柔的笑、妩媚的丰采。
面对着她我浮想联翩，
她带我走入光的世界！

光的世界辽阔无垠，
真善美的身影缤纷多变，无所不在，
即使有假恶丑与之偕行，甚至伴舞，
也无碍我人生途上的跋涉之乐，
无碍我行进中的不断拓新与探幽析微！

2010.10.6

命运给了我生的坎坷

命运给了我生的坎坷，
命运也给了我生的希望，
既有坎坷也有希望，

我便真实地活在世上。

为保住希望我不停地劳作，
我在劳作中消度时光，
最终我为希望筑成了一条辉煌的新生之路
在人生史的画卷中永久珍藏！

2010.10.9

飞动的世界，沉静的世界

飞动的世界，沉静的世界，
成就着我们的伟大人生。
静中之动，动中之静，
保证着不断进取的平衡。

洞察动中之静、静中之动，
使我们看到岁月的光明。
但那些轻浅虚浮的动，
腐蚀、威胁着静的崇高和永恒！

2010.10.17

每一个白昼都纯洁而美丽

每一个白昼都纯洁而美丽，
每一个夜晚都幽深而神秘。
白昼使人看到生命的奇迹，
夜晚让人享受虚幻的神奇。
生命是自然与神的恩赐，
展示和解释生命，
把人提升到神的位置！

2010.10.20

世界赠给我的光明

世界赠给我的光明，
充满宇宙，无穷无尽。
但我能采集，享用多少，
决定于我的才智和勤奋。

我在人生征途上每前进一步，

都是在走向光明的纵深。
开掘光明，走进光的隧道，
越向前行进越光景迷人！

2010.10.20

人既活在自己的世界里

人既活在自己的世界里，
同时也活在他人的世界里。
人活着需要维护自己的心灵平衡，
这时也维护了他人的心灵平衡。

想牺牲他人的幸福建立自己的幸福，
这种幸福已患上疾病。
用诋毁他人经营自己的权益，
这种人拥有的只能是残缺而都劣的人生！

2010.10.20

日升日落

日升日落，斗转星移，
人间岁月绵延不已。
“人生不满召，常怀千岁忧！”
生命的天性——自强不息！

自强不息地拥抱生活，
像先王那样“不知老之将至”。
眼前世界光辉灿烂，
心性充满勃勃生机！

2010.10.21

执着于希望，奔赴希望

执着于希望，奔赴希望，
最终会得到上帝的奖赏。
因为用希望拥抱人生，
岁月就有无穷的宝藏！

你看那婴儿的纯真的明眸，
多么迷人，多么明亮，
那是人类的希望之火啊，
每一个明天都令人神往！

2010.10.25

老年人，安详就是救生圈

老年人，安详就是救生圈，
从容就可以度险关。
有安详，从容相依为伴，
天地广阔，岁月平安。

老年多虞，老年多灾，
走路往往步履蹒跚，
只有持有安详，从容心态，
才有望征服险阻，走向高远！

2010.10.29

人生劫难也是财富

人生劫难也是财富，
跌倒之后地上有宝。
这宝就是“它要你重新站起”。
而且预防再次跌跤！

生之劫难纷至沓来，
思想财富也水涨船高，
“七十遂心所欲而逾矩。”
攀缘高寿吧，
如果你达观，智慧，精神不老！

2010.11.21

每一时刻，每一片天地

每一时刻，每一片天地，
都有自然的奥秘、生命的奇迹。
如你认知和发现它们的千分之一，万分之一，当是人生的莫大幸事！

这其中也包括自己的肉躯、自己的灵魂，

还有你身外的人生、世事。

你应意识到你是在自然奥秘和生命奇迹的包围中生存与生活，

而认识和发现它们的事业竭尽全力也没有穷极！

2010.11.21

失眠之夜

失眠之夜，
煎熬的夜，
险难的夜，
一个一个一一度过！

我之力也？
人之力也？
天之力也？
万有进化于自主地把握生活！

2010.11.22

世间事物都有阴影

世间事物都有阴影，
只有天上的太阳没有随形赋影，
它是颗光芒四射的明星。

天上的太阳在永恒中发光，
它照耀着世上所有的神明，
神明负有的神圣天职，
是启引世人认识事物的阴影！

2010.12.9

阳光

阳光，
让你的光热渗透进我的诗章！
让我的诗篇的字字句句，
都散射着温热和光亮！
这样我的诗和诗册，

就会世世代代被世人珍藏，
人们每每把诗卷打开，
就有光暖孕育的希望和力量！

2010.12.20

种子默默地发芽

种子默默地发芽，
为了适时破土。
人也是一粒种子，
破土是成长的际遇。

春天芳草遍地，
盛世人才辈出。
所谓民主、自由，
是人才成长的沃土！

2010.12.24

运化之功

运化之功，
命运之神。
将你塑造，
给你启引。

世事沧桑，
人生浮沉。
运化之功——
永远与生命相守的命运之神！

2010.12.27

敬畏大地

敬畏大地，
敬畏苍天，
敬畏时流之中的人海波澜。
人生之路的灾难与凶险，

随日月的升沉朝夕变幻!

每人都唱一支生命之歌,
用以抚慰寂寞的心田。
最美的歌将永留人世,
那是命运之神宠幸的人选!

2010.12.31

我的生命的每一刻清醒

我的生命的每一刻清醒,
都是命运之神的恩赐。
不管清醒中有怎样的人生担待,
我都应感恩和知足!

如果清醒投以诗的灵感,
使我感悟到生命的神圣,岁月之美的珍藏丰裕,
我更应该淡忘一切人生磨难,
为自己、为祖国虔诚地祝福!

2011.1.11

生命就像一团烈火

生命就像一团烈火，
燃烧，燃烧，不停地燃烧。
直到最后成为灰烬，
光热散失，归于寂寥！

因此每一个诞生的生命，
都是一份光热的瑰宝，
为珍惜和善于利用它们，
有才德的世人都应终身尽心地操劳！

2011.1.11

大河奔流

大河奔流，
后浪推前浪。
新人诞生，
老人死亡。

一夜酣睡之后睁开眼睛，
眼前又升起新的朝阳。
这就是时间这支神笔，
在空间里书写岁月的华章！
啊，时间这支神异的笔啊，
千古挥洒，笔墨酣畅，
它有写不尽的人生悲欢、大国兴衰、生事
浮沉、时代沧桑，
啊，永远的大河奔流，
永远的后浪推前浪！

2011.2.24

人生际遇的好事有始有终

人生际遇的好事有始有终，
同样际遇的坏事也有始有终。
这两种有始有终之中，
自然有欢乐也有忧痛。

重要的是在欢乐时要感悟其中的隐患和不测的忧苦。
而在忧痛中莫忘变化中的希望和光明。
这样在清醒的理性中感受和理解人生，

才能把握生命的真谛，活得纯真而轻松！

2011.3.15

命运之神将你主宰

命运之神将你主宰，
似乎有意而又无意。
往往借用些许小事，
把你揪住并打翻在地！

待你胆破之后恢复了平静，
他才尽心地将你扶持，
让你用持久的积渐之功，
在天地间立起人生的业绩！

2011.3.28

走向阳光，沐浴阳光，酣饮阳光

走向阳光，沐浴阳光，酣饮阳光，

你自有光明的品格、火热的心肠，
用阳光洗濯你的灵魂，
洗出圣洁，
洗出豪爽！
用阳光塑造你的人生，
形象高大，
业绩辉煌！

2011.4.1

日月进行的韵律和节奏

日月进行的韵律和节奏，
是新陈代谢，世事沧桑。
它无时无刻不包括诞生，
也无时无刻不包括死亡。

诞生与死亡纠结在一起，
成就着人世的自然万象，
所谓人生的乐观与达观，
是清醒的理性的那一份坦荡！

2011.4.15

面对自己需要智慧

面对自己需要智慧，
面对自己更需要勇气，
一个善于面对自己的人，
才会有人生的辉煌业绩！

战胜自己者是英雄，
能审判自己为哲人，
敬畏自己是智者，
尊重自己者有大爱！

2011.5.7

一个白昼一颗太阳

一个白昼一颗太阳，
一个白昼一片蓝天，
在晴空的太阳的照耀之下，
人世多么辉煌灿烂！

每一个拥有生气蓬勃的白昼的人啊，
不管你是少年、青年、壮年、老年，
你也要像天上的太阳那样，
向人世倾注你生命之爱的热烈的光暖！

2011.5.14

恶人带着他的恶毒

恶人带着他的恶毒，
一个一个去见上帝，
他们与上帝见面之后，
再没有任何作恶的消息！

但他们生前表现的恶毒，
却没有因此销声匿迹。
世人把它们转化为记忆，
作为鉴戒传给后世！

2011.5.21

我的使命是锤炼语言

我的使命是锤炼语言，
是把真理的种子精心拣选，
然后把它播撒出去，
留给永恒的茫茫尘寰！

尘寰是人神共舞的世界，
神圣的太阳苍空高悬，
人的生命就在于宣示；
真善美永远有生存空间！

2011.6.2

我们这个古老的民族

我们这个古老的民族，
既拥有万世师表，
也出现了千古罪人。
师表显示世人对大善者大爱，

罪人则印证着对大恶者的大恨！

人生路上的艰难跋涉，
向善者上升，趋恶者下沉。
大善大恶标出了为人的正反两极，
以此为镜，明鉴古今！

2011.6.10

“希望”就是脚下的路

“希望”就是脚下的路，
踏着它就能走向高远。
世上的财富虽然多种多样，
与希望相比都价值有限。

因为希望就等于生命，
什么也不能与生命交换。
只要你踏着希望之路不停地前进，
就可以创造人生的奇观！

2011.6.10

人世上的无价之宝

人世上的无价之宝，
莫过于有一个美丽的灵魂，
有一个美丽的灵魂的人，
给世界带来万古长春！

美丽的灵魂虽然由天赋予，
但把它雕琢完美却需要上进精神。
每一个有志于获取美丽的灵魂的志士啊，
人生岁月一刻千金！

2011.6.20

勇往直前，不要后退

勇往直前，不要后退，
除非后退才有活路！
如果没有勇往直前的信念，
你的人生就立不起心骨。

后退的活路也是前进，
是前进路上的正常迂曲。
因为有了“迂曲”的妙文，
人生才显得瑰异、神武！

2011.6.21

每一次气功都是探险

每一次气功都是探险，
都进入一个未知世界。
本是属于自己的身体，
却不知道它有多少神秘的存在。
人的生命的意义就在于此！
为了挖掘存在的奥秘！
但是人类史写上千卷万卷，
也写不尽人们对盲区的无知！

2011.6.22

命运对于你的拯救

命运对于你的拯救，
不知安排在人间何处？
可怕的劫难何时消解？
也是难以参破的奥秘！

但人有自强不息的天性，
寻求解脱不遗余力，
时时处处审慎警醒，
以便不失得救时机！

2011.6.24

你为善举坚持不懈

你为善举坚持不懈，
请相信吧，你正在前进！
也许善果已经不远，
而且是在一步步靠近！

你的目标一旦实现，
可能是一项历史创新。
奖赏何许别人颁发，
你已经改变了自己的命运！

2011.6.26

新的白昼向我走来

新的白昼向我走来，
为我带来了丰盈的礼物。
由于赞赏我的好奇心，
她又有额外的珍贵赐予。

因此我感到幸福而自豪，
生活中有了新的鼓舞，
而且增添了创新的活力，
使未来有了欣慰的回顾！

2011.6.27

这不是梦，我已得救

“这不是梦，我已得救”，
刚刚醒来便这样想。
这种清醒整整一天陪伴着我，
让我感到心中温暖和明亮！

气功向我展示了它的神奇，
令我敬畏，给了我希望、力量与安详。
我成了世上乐观而幸福的人，
今后将更加自爱、自强！

2011.6.28

我的命运我不做主

我的命运我不做主，
我没有那么大的权力！
我今生能做什么业绩，
大权也不在自己手里！

我只是依凭个人理智，
清醒地做我应做的事。
上帝赐给我的良知，
我虔诚地把它献给人世！

2011.6.30

有至宝气功与我为伴

有至宝气功与我为伴，
我似乎过上了神仙的生活，
谁也看不到这位伴侣，
给了我多少新生的欢悦？
这使我敬畏天地万有，
我感受到了生命的神圣、高洁，
岁月的宝藏挖掘不尽，
人生是一支永新的战歌！

2011.7.1

气功是一条飞龙

气功是一条飞龙，
在我的全身飞行。
它要兴云作雨，
让焦渴的生命焕发新生！

我驾驭着这条飞龙，
腾飞于人生的高空，
饱览人生空阔，
游遍世上仙境！

2011.7.2

一步登天的奇景

一步登天的奇景，
谁也没有看到。
而步步登高的进取之路，
可是人人可行的康庄大道！

莫小看赶路的分分秒秒，
它握有世人的无价之宝。
你要寻求人间奇迹，
也可能荣获胜者的骄傲！

2011.7.3

前进的光明凝聚不散

前进的光明凝聚不散，
眼前就会出现奇观。
这奇观就诞生于自己的心中，
它就是生命不朽的本源！

每人都有这种天赋蕴藏，
珍重生命从无极限。
永恒的宇宙令人敬畏，
天人合一并非虚幻。

2011.7.7

文字里边的生活气息

文字里边的生活气息，
温暖，浓郁，芳香醉人。
它是作者的良知和才华，
向世人散播着爱的温文。

我一生在这种气息中成长，
勤奋地完善大爱之魂，
这条文明进化的洪流，
世世滋育着向善的人伦！

2011.7.10

每一个白昼是无价之宝

每一个白昼是无价之宝，
白昼就是自己的生命！
太阳就像生命的灵魂，
灵魂之光就得到永生！

白昼有无尽的灵魂的光源，
莫忘时刻分秒必争。
活得圣洁高尚的人，
灵魂之光照耀未来征程！

2011.7.16

你知道有多少命运的机遇

你知道有多少命运的机遇，
在你生命的深处潜伏？
每接触一个预设的机遇，
就有一次飞跃式进步！

命运对于机遇的安排，
是神灵为你看守的财富。
你循着这类财富开掘着一路走去，
最终会攀缘到人生之路的神异高度！

2011.7.16

为了寻求美的支持

为了寻求美的支持，
我拿起笔来打开本子。
笔在纸上自由飞旋，
墨迹随之上下起舞！
一曲浩歌一气呵成，
音节自有协和的韵律。
生命之爱在笔墨中蕴藏，
书写不尽美的心曲！

2011.7.19

睁开眼睛就看到美

睁开眼睛就看到美，
美的大自然美的形象、美的线条、美的色彩、美的运动造型、美的人事人生……
而美的孕育、诞生、发现、挖掘的体现者，
都是上帝赋予的心灵！

美是一个魅力无限的大千世界，
她哺育、塑造、拥戴着你的神圣的生命！
你要在美的世界走一条光明之路，
让你的生命之美融入永恒！

2011.7.21

我的门前苍翠满眼

我的门前苍翠满眼，
我的院中满眼苍翠。
因为家在树荫之中，
四季景色节奏显明。

生命受到环境的护佑，
美景感染美好的心灵。
社会环境形成的时代气息，
成就诗文的不朽生命！

2011.7.28

有生命就有希望

有生命就有希望，
有事业就有希望！
有爱憎就有希望！
有奋斗就有希望！
只要你为希望开辟一条实践之路，
希望就能展示它的目标伟大、成就辉煌！

实现希望的实践之路，
才是生命的不朽诗章！
人世风景、人生磨难与所有智慧和劳动的内涵尽在其中，
你的才力与人格性行可以因之极致地表现它们的天资和修养。
最主要是那些出常天赋、莫测的潜能，
那可是挖掘不尽的生命的宝藏！

2011.7.27

我的幸福在逐日增多

我的幸福在逐日增多，
因为病体已经好转。
只要有了健康的资本，
希望之火就会复燃！

有了希望之火的烛照，
蓬勃生机溢满尘寰。
天下美景任我观览，
心灵之美搜索、发现！

2011.8.2

我要赞美事业的高深

我要赞美事业的高深，
有了高深就现奇迹。
不是三次战胜死的威胁，
我怎知气功救命的神奇！

如果你不愿活得平庸，
莫忘为事业的高深奋斗不息。
人生会遇到各种难题，
相应的高深是救你的神祇！

2011.8.2

岁月中留下心灵的诗篇

岁月中留下心灵的诗篇，
诗篇印证着已逝的年华。
每当展读一篇篇诗作，
好似重度过往的生活！

翻阅诗篇常读常新，
险难岁月不再泯设。
时代心声在诗篇之中，
并永恒地站入历史长河！

2011.8.4

事业

事业，
是矗立在我面前的一座大山。
山的灵魂就是主宰我的生命的神，
他有永恒的崇高和尊严！
他的存在体现我的人生与自然万有一样神圣而玄奥，
一样内涵无穷，
我生的使命就是万有存在的本质的展现！
我把生命的所有奉献给他——我的主宰，
他将我庇护，给我奖掖，
超度我走出速朽的雾幔！

2011.8.16

关键时刻，重要时刻

关键时刻，重要时刻，
千金难买的宝贵时刻，
你抓住了。你感到欣慰。

你有了希望，有了力量，
或者已经实现了愿望。
你已经得到成就人生的莫大幸福……
啊，记住！
你就应该随时随地这样主宰生活！

2011.8.17

天并没有塌下来

天并没有塌下来，
地也未曾陷下去。
我能在天地间站立，
还可以移动脚步！
作为耄耋之人，
此时最大的幸福，
是仍有生命的活力，
为大爱奋力前趋！

2011.8.17

人世上的每一首诗

世上的每一首诗，
都来自诗人的诗的灵感。
她是生命的火花，
是诗人的才华的展现。

世人每读到诗，
都接受美的滋育和感染，
那是诗人的生命的才思，
在人间留下的爱的光暖！

2011.8.20

而立之年学习练功

而立之年学习练功，
耄耋之年仍按时练功。
初时练功是为了治疗心脏，
老年苦练又为战胜中风。

近半个世纪的练功里程，
是在灾难中抢救危殆的生命，
活得艰难挣扎得艰难，
这是多么需要理想与希望的人生！

2011.8.24

一分一秒

一分一秒，
不可忽视，
如果它关系着危险命运的获得转机！
只要命运此时可以由你主宰，
你就用理性的意志命令自己！
大祸就由这分分秒秒行为去击碎或瓦解，
坚持的决心不能游移！
这一分一秒的时刻价值无限啊，
它就像祛灾迎福的神祇！

2011.8.30

什么是命运的保护神

什么是命运的保护神？
自己的清醒，自己的理智！
这是永恒面对自己的严厉法官，
随时审判，严明无忌！

为给残酷的现实生存寻求出路，
走向新生，创造业绩，
什么严酷的重压都可以承受，
只要不扭曲历史、损害正义！

2011.8.31

新的白昼像新出现的矿藏

新的白昼像新出现的矿藏，
等待你探索，等待你挖掘。
人人都凭自己的智慧和能力，
艰苦劳作，得到收获！

大千世界因之丰富多彩，
天地间处处生机蓬勃。
日光下所有的生命都展示无穷的活力和魅力，
眼前美景境界辽阔！

2011.9.2

时间无声地向前推进

时间无声地向前推进，
赋形的万有变动不居。
无常的人世只能由上帝主宰，
谁也逃不出沧桑沉浮！
怎样书写自己的历史？
全由你的天性与理性做主！
阳光中能否留下永恒的记录，
就决定于你精神境界的高度！

2011.9.10

健康的财富就在自身

健康的财富就在自身，
智慧的财富也在自身。
人的生命价值无限，
珍惜生命是最富有理性的人！

这就意味着要不断完善自我，
使之不受邪恶的伤害与污损，
成长为人间的有用之才，
为人类文明献上忠贞！

2011.9.10

我向气功要奇迹

我向气功要奇迹，
气功却跟我要毅力和胆魄！
经过漫长时间的历险苦练之后，
气功才把奇迹交给我！

这就是古今世人的创业之路啊，
奇迹绝不会凭空从天上降落！
只有你在主观上把能力合理地发挥到极致，
客观存在的发展才会对你公开化！

2011.9.10

希望就像东天的朝阳

希望就像东天的朝阳，
驱走黑暗，带来光亮！
光华普照的大千世界，
异彩纷呈，气势高昂！

岁月在希望中迎接新生，
生命在希望中健康成长，
希望推动着新的潮流，
万业兴隆，前途无量！

2011.9.11

你的幸福就在“当下”

你的幸福就在“当下”，
因为“当下”是你的人生。
既能感知万有的存在，
又拥有自己生命的才情。

现实沃野允许你耕作，
精神的高峰任你攀登，
卓异的业绩由此建树，
——有为人生与“当下”共命！

2011.9.13

开拓之路永无尽头

开拓之路永无尽头，
每前进一步都是幸福！
幸福的因素有劳累、艰难、担当风险、胆识明敏，
知所敬畏，

更有寂寞、困惑、孤独、无助，
而可怕的意外也常有光顾……
啊，幸福的含义仅仅在于；
为不负人生而自豪地进取！

2011.9.15

岁月的财富无穷无尽

岁月的财富无穷无尽，
但选取所得却必须审慎。
看守财富者有神有鬼，
取之不当便灾祸降临！

而岁月的陷阱却随处都有，
每一个陷阱都能吃人。
你要举步走向高远，
随时都需要神明指引！

2011.10.9

我的珍贵时间

我的珍贵时间，
几乎全都被美霸占！
那层出不穷的新生之美，
排着队与我的生命周旋！

自我的醒魂能辨识世界的美丑以来，
美就选我做忠实友伴。
她要与我共度多灾多难的漫长岁月，
并最后为我合上爱美的双眼！

2011.10.9

时间就是洁白的纸

时间就是洁白的纸，
这是万能的上帝所赐；
他要你在纸上写出最美的诗，
并以之留给未来的人世！

这张纸就是你的生命啊，
是你生之爱憎的真实所系。
你的生命就是这不朽的诗篇，
它将与永恒的人世共度朝夕！

2011.10.14

古人所说的“惜墨如金”

古人所说的“惜墨如金”，
是要珍惜这千古一时的握在手中的生命之笔！
它要你的生命的热血，生命的爱憎，生命的一切存在，
通过笔的行墨之权，
把它们拥有的丽质在一瞬间即永恒地留给人世！

这可是稍纵即逝的风云兴会。
是世上难得的天之所赐！
你的生命幸运就体现在这一刻的美的存在之中，
它的价值岂能以世上的财富与之相比！

2011.10.15

生命

生命，
充满了神奇！
只要你活着，
你就与神奇在一起！
宇宙万有及你自己——客观世界与主观世界的一切，
就是神奇的实质内涵，
你应满怀敬畏之情，虔诚之情，
并献上无限挚爱，无限感激！
这集世上神奇于一身的时刻，
千载难逢，珍贵无比！
啊，为拥有它们而幸福和自豪地洋溢着喜悦之情，
歌颂这生命的存在，这创造神奇的上苍，
且明智而审慎地承受这活着的真实！

2011.10.16

肉体需要呼吸

肉体需要呼吸，
灵魂也需要呼吸。
肉体的呼吸关乎生命的存在，
灵魂的呼吸则维护着生命的真实的生存！

灵魂的呼吸不能正常保持，
生命会与腐朽，死亡相邻！
所有的能做灵魂的深长呼吸者，
都是智者、英才，或者伟大，

啊，灵魂的长寿才是生命的真正的长寿，
他的肉体生命的升仙，成神！

2011.10.17

曙光就像一把钥匙

曙光就像一把钥匙，
深锁的夜门一下被打开，

瞬间眼前一片光亮，
心上阴霾不再存在！

人间已现美的景观，
身上活力再次醒来！
迎新忆旧尽管忙碌吧，
未来的面目可能更见丰采！

2011.10.31

上帝赠给我的长夜

上帝赠给我的长夜，
是我生命的无价之宝！
我把它化为岁月的诗篇，
为我的生命赢得荣耀！

晚年展读自己的诗作，
心中充满欣慰和自豪，
对我，它是一颗颗明星，
闪耀在幽寂，无垠的苍穹！

2011.11.2

有意义的人生

有意义的人生，真实的生存，
永远是清醒地辞旧迎新！
脚下踏着的永远是路，
眼前总是新时、新景、新事、新人！

警惕路上的陷阱和障阻，
反省自己的显露和内蕴！
同行的向导，希望与憧憬，
莫让它走入虚妄的迷津！

2011.11.4

磨难

磨难，
岂非锻铸高尚灵魂的火焰
一个屹立于人世的人的形象，
其成长历程必然一个个磨难接连不断！

它就是攀登精神高峰的一个个台阶，
让你的多难人生沿着它一步步向上登攀。
最终是高处不胜寒的尘外境界，
那令人仰望的生命里程的制高点！

2011.11.20

时间

时间，
是你生老病死的伙伴，
你的飞黄腾达或苟延残喘，
都有它始终不渝地陪在身畔！

因此不管你遇到什么挫折，
都不可对它轻忽和冷淡！
如果你把它视为万能的上帝！
也许你的人生里程中会有奇观！

2011.11.29

岁月

岁月，
时刻对你的智能进行着严酷的考验！
你前进的脚步绝不能停，
停下来要降临灾难！

生路虽然寸步难艰，
却有前进的诱惑与慰勉！
生命的真谛就是怀着希望负重前趋，
步步在生死线上与岁月周旋！

2011.12.2

星星之火

星星之火，
可以燎原。
燎原之火来自延续和发展！

希望之火也像星星之火，
辉煌的业绩就在希望之火的不断燃烧中出现！

2011.12.3

不要对岁月失去信心

不要对岁月失去信心，
人的命运由自己主宰！
岁月是一条漫长的路，
沿着它可以走向遥远的未来！

路上既有坎坷、不平，
也有美景、奇迹，甚至神奇的意外。
人类文明的创新图景，
就在这条路上徐徐展开！

2011.12.31

我的身畔有阳光做伴

我的身畔有阳光做伴，
我便生活得充实而热诚！
因为阳光中有先驱引路，
他们领我走向有为人生！

人的时命由睿智主宰，
美善圣域玄奥无穷，
光明中守住天赋才情，
万有自会拥戴神圣！

2012.1.4

时间

时间，
既酝酿灾患也清除灾患，
只要你冷静地将它审视，
就能够承受风险、战胜灾患。

任何时候也不要忘了时间的存在。
要随时意识到时间的潜在动作就在身畔。
它正在测试你的理智与清醒，
正在对你的思想言行进行历史性的审察和裁断啊！

2012.1.7

灾难

灾难，
是敌是友很难裁断！
凡在生路上跋涉的人，
都通过了无数个灾难的驿站！

随着人生征途的渐行渐远，
人在灾难的驿站上接受洗礼和考验。
智慧的灵魂留下的足迹，
作为文明史永留人间！

2012.1.10

未来岁月

未来岁月，
永远充满了神秘的诱惑！
看似被别人主宰的世界，
却是重压着个人的心灵的负荷！

被动地感受现实存在，
主动地探索、发现、辛勤劳作。
如果能为后世留一份生命的遗产，
那将是时代文明的功德！

2012.1.12

呼吸和脉搏合为一气

呼吸和脉搏合为一气，
再与灵魂联为一体，
让我的生命独立人间，
与宇宙万有共度朝夕。

因之此生的真实所系，
莫过于平凡的正常的呼吸。
是它引领我的热血与精诚，
走向神圣的崇高和无极！

2012.1.24

美的追求——生命的灵魂

美的追求——生命的灵魂，
引领我终生积极奋进！
善良的心性——生命的保护神，
陪伴我征服所有的艰辛！

醒来头上有天光普照，
夜里有梦的神明指引，
一生在敬畏的旋律中跋涉，
因之留下了可堪回首的脚印！

2012.1.26

暮年岁月的无价之宝

暮年岁月的无价之宝，
莫过于白昼的健康的清醒！
清醒地在理性的征途上前行，
将获得晚年的有为人生！

生路上的艰难积累，
此时才是璀璨、神圣。
再经暮年智慧的升华，
人间益增暖心的光明！

2012.2.1

留迹人间就是幸事

留迹人间就是幸事，
它就是你的生命在延续。
能够把握到有为人生，
说明你是上帝的宠儿！

生的目的不管有多少，
追求美善是永恒的主题。
生命的热血化为精神财富，
这就是人生的最大福祉！

2012.2.2

尊严

尊严
——生命的伙伴。
你与生命忠诚相守。
岁月过得充实而悠闲！
当生命诞生时你也出世，
你与它同受成长的磨难。
生的业绩在合力中创造，
荣誉到来共享慰安！
一旦生命留下不朽的伟业，
你也有了不灭的光焰，
啊，尊严，
你握有生命的无上威权！

2012.2.17

这一刻生命能够感受

这一刻生命能够感受，
这一刻生命能够慎思，
这一刻生命能够创造，
那么，这一刻生命就拥有了福祉！
光辉的太阳当头高照，
安身立命暂无危机，
人的尊严屹立不倾，
未来时日任我役使，
就应该理性地规划自己，
在上进的阶梯上攀登不息。
道路必须越走越宽阔，
心境在开拓中日趋瑰丽，
智慧把人生推向卓异，
世路上留一份爱的印记！

2012.2.18

时间，你比什么都神奇、珍贵

时间，你比什么都神奇、珍贵，
只要生命的智慧与你合为一体，
就可为业绩立起永恒的历史丰碑！

什么是人世的不朽之光？
凭什么塑造人之神威？
由什么推戴生事的至高尊严？
——时间，这不可移易的生命的依偎！

2012.2.25

我的理性的清醒

我的理性的清醒，
就是永恒的光明。
它与天地同在，
守护着我的生命。

光明宠爱的万有，
无比珍贵、神圣。
既能塑造时代信仰，
又可升华生命的虔诚！

2012.2.25

人的肉体生命从诞生开始

人的肉体生命从诞生开始，
就带来了必然的死亡。
这就如它是在高空出世，
注定了最终掉在地上！

但与肉体生命相伴的思想灵魂的生命，
是借肉体成长它在空灵中飞翔的本能和力量。
它走着与肉体生命不同的上升之路，
能接近神明，进入天堂！

2012.2.29

美的火花一现即逝

美的火花一现即逝，
记忆让它进入了永恒！
笑脸虽然昙花一现，
友善却长期温暖心灵！

优美的诗篇千古传颂，
生命的壮举青史留名，
短暂人生是夜空划过的流星，
耀眼的光辉庄严而神圣！

2012.3.2

青壮年时闯荡天下

青壮年时闯荡天下，
病老之秋静守家园！
生命就像日升日落，
庄严，肃穆，恬淡，自然。

代代人生不变的主题：
自爱、自强、抑恶、向善。
时光是一条上升之路，
美的应许永在明天！

2012.3.10

时间悄悄地来去

时间悄悄地来去，
对谁都无声无息，
你若将它捕捉，
似乎没有形迹。

它就在你身畔，
使你有得有失，
得可勋业千古，
失会伤人害己！

2012.3.25

诗的旋律缭绕心间

诗的旋律缭绕心间，
就像天空日月高悬！
人生不管寄退何地，
都有生的光明和温暖！
生事无不庄严、神圣，
岁月永是历史的审判！
时间在走向幸福的未来，
举步即是前进的诗篇！

2012.3.27

每一个物像

每一个物像，
都含有神灵对精魂的启示。
只要你用感悟把它们收受，
眼前就会出现神异的天地！

不要低估了自己的才情，
莫小看生命成长的能力，
若说人间的财富无穷无尽，
那是人的智慧永在接受自然万象的神异的启迪！

2012.3.28

科学

科学，
任何时候都是攻坚。
人生哲学也是如此，
前进就意味着克服险难。

练功岁月四十多年，
时时屏息探索向前。
进度就是辉煌业绩，
代价自然是征服艰险！

2012.4.8

生的奇迹不在远处

生的奇迹不在远处，
奇迹就在你的自身！
发现奇迹才是本领，
它需要你的智慧和坚忍！

奇迹与磨难连在一起，
又深深植根于善良和雄心，
它不断完善着人生人世，
却不事张扬，默默无闻！

2012.4.10

我不孤独

我不孤独，
有诗神陪伴我迎送朝暮。
岁月中受着诗的洗礼，
古今诗人都与我同居共处！

此刻我从酣睡中醒来，
诗神又伴我在晨曦中踟蹰，
她知道苍茫中的诗意诗情，
在将我拥戴，给我呵护！

2012.4.18

岁月带来无穷财富

岁月带来无穷财富，
醒来就感到生的珍贵。
活着是为了汲取美善，
并塑造自我的高大、完美。

做人必须谦恭谨慎，
行事勿忘爱与敬畏！
自主命运是生之至宝，
幸福莫过于人生有为！

2012.4.20

夜空的星

夜空的星——
我诗的灵感。
战栗的光明，
水冷的火焰。
它昭示着：
时间——千古！
空间——高远！
“生者”——昂首！
“死者”——永眠！

2012.4.30

你的生命有立足点

你的生命有立足点，
自然就有资格立世做人！
这是万能的上帝所赐，
你应感谢得天独厚的命运！

敬畏这片立足之地，
卫护和成长自我的身心，
进而开辟出新的境遇，
成就大业，伫立人尊！

2012.5.2

追求美与爱的执着

追求美与爱的执着，
与顽强的生命共生共灭！
有如夜空星星的光明，
在沉寂的时流中永恒的闪烁。

梦中醒来回忆梦境，
是与故旧共享锣鼓之乐。
这是热爱岁月的生命之魂，
以梦体现生的执着！

2012.5.3

真实的空间，虚幻的空间

真实的空间，虚幻的空间，
真实的时间，虚幻的时间，
彼此对峙，相互转换，
生耶无限！死耶无限！

莫要说时间转瞬即逝，
莫要说希望虚妄、遥远，
世上奇迹人人可求，
生的光明永照尘寰！

2012.5.8

自然规律就是神示

自然规律就是神示，
它是人类前进的道途。
凡探索到这种规律的人，
就是导师，可为先驱！

万有运化依规律而行，
它包括所有的发现和进取，
当日月在天空无声地运行，
请献上自己的智慧和创举！

2012.5.12

我们从世间得到的财富

我们从世间得到的财富，
最贵重者莫过于生命！
它是冥冥中的神灵所赐，
是为了让我们保卫并创造世间不灭的希望和光明！
事业的光荣、艰巨无与伦比啊，
这需你献上毕生的才力和精诚。
享有盛誉的成功路上，
有永恒伴侣——天上日月，人中精英！

2012.5.14

美的诱惑时时皆有

美的诱惑时时皆有，
美的诱惑也无处不在。
即使一只脚已经踏入了墓门，
另一只脚也要走向新生世界！

这世界就是所谓灵魂天堂，
它无灾无难，且有永恒的未来！
这又是美丽少年的人生之梦，
处处是神奇、醉人的美的和谐！

2012.5.17

时间的财富

时间的财富，
不仅有醉人的日升日落，
空间存在的堂皇瑰丽，
更有心灵世界的感受的憧憬，

沧桑际遇的莫测诡异！
而艺术领域的灵感与创新
情思之海的变幻潮汐
又何时不丰富着短暂、多彩的人生，
让人在贪婪地享用它们的同时，
还有说不尽的悔恨与感激！

2012.5.21

夜梦醒来

夜梦醒来，
已近黎明。
曙色照亮了我的门庭。
对比环境的灰暗、朦胧，
这眼前却是真实的美景！

人生莫忘随时警惕，
现实生存一梦一醒，
梦的世界实属虚幻，
醒中才能成长英雄！

2012.5.29

人们把特殊的细物放在显微镜下

人们把特殊的细物放在显微镜下，
仔细观察历久不息。
捕捉它们的真实面目，
并研究它们的变化规律。
这显微镜下的审视历史，
已经有了几十个世纪，
微观世界的玄奥神奇，
自然也没有穷尽的时日！

2012.1.24

每个国家有它的未来

每个国家有它的未来，
每个个人有他的未来，
但是什么是未来的主宰，
却只能听从命运的安排！
而面对生存现实的清醒，

国家和个人都不能有丝毫疏忽、懈怠，
敬畏、审慎地把握现实生存，
是立世不倾的希望所在！

2012.6.6

不管你怎样耽于幻想

不管你怎样耽于幻想，
幻想也不能与现实匹敌。
现实是客观世界的创造大作，
幻想只不过是个人才思的雕虫小技！
现实是命运的永恒的主宰，
它的约束和考验严酷得出奇，
幻想的经营无论多么才能非凡，
在现实的冷面孔前也难能扬眉吐气！

2012.6.11

人人都有自己的世界

人人都有自己的世界，
虽然共享一颗太阳，
人人都有自己的未来，
都有自我的人生沧桑！
人人也各有自己的生存现实、独特的感受，
忧乐、行止不会一模一样，
认识世界和主宰自我，
是每个生命书写自己的独异文章！

2012.6.16

我的生命

我的生命，
受到无数神秘的手的周到的呵护！
太阳的手，时空的手，亲人的手，命运之神的手，
人类文明的历史之手……
我悬空的生命是由它们尽力托浮！

我是运行于太空的一颗小星，
我是大海波涛上的一粒水珠，
我也是与万物同在的一介宇宙的子民，
有唯我独有的寄托和孤独！
啊，我的生命有它自己的生路里程，
但它受到了无尽的手的深情地呵护！

2012.6.17

天门大开

天让大开，
紧步但丁，
天光闪闪，
虔诚攀援，
眼前美景，
天国灵光，
并非虚幻，
终映心田！

2012.7.1

不要忧郁，不要绝望

不要忧郁，不要绝望，
有命运之神与我们同行!
不管你遇上多少挫折和灾难，
她都会让我们看到希望和光明。
只要你谨慎地量力而为，
就一定能走出光辉历程!
不要小看一步疏失，
它也许是一个杀生的陷阱!

2012.7.15

大千世界

大千世界，
井然有序，
开合自然，
张弛有度。
庸人自扰，

其苦自取，
运化之功，
千古独步！

2012.7.31

幸福和灾难

幸福和灾难，
始终与我的生命为伴。
它们就像我的双足，
支持我在生路上走向高远。
幸福每向前迈出一步，
灾难也随之跟着趋迁。
自然幸福不甘让灾难得势，
又必然挣脱新的羁绊。
祸福就这样难解难分、相互依存，
不断地跨越征途上的间阻和危安，
让生命既历经沧桑又增长识见，
直到把人的形象塑造得显明而丰满，
啊，人人都是福中有祸、祸中有福，
祸福是人生的实质的内涵。
祸福锻炼的高质量的人才，

才能独步千古，留名人间！

2012.8.4

只要时间与我为伴

只要时间与我为伴，
我就有幸福，就有希望，
任何障阻都可以逾越，
路上也会洒满阳光。
眼前世界空阔无垠，
人生写不尽岁月沧桑，
生事机遇永无穷竭，
说不定有神奇从天而降！

2012.8.20

人的生命的价值无限

人的生命的价值无限，
是由于它面对着无穷的秘密。

这秘密就是世界的财富，
这秘密也是人的福祉。
展示这些秘密是生命的实质所在，
它合天理，更是神意！
为此而献出毕生的智能和忠诚吧，
庸者不理会这生命的神圣天职！

2012.8.21

世间事物都有它的多面与多向性

世间事物都有它的多面与多向性，
运化与发展将它主宰。
就像人的生老病死，
有不同环节的各种各样的现实存在！
一只睡虎看似死虎，
醒来它就会将人戕害。
事物都有它不可侵犯的变异中的特殊时段，
警惕它的威严需要清醒和智慧！

2012.8.25

憧憬和幻想也是珍宝

憧憬和幻想也是珍宝，
也可以归属不朽流传千古，
如果你打开各民族的文化宝库，
有多少瑰丽多彩的迷人画图给你震撼令你憬悟！
这些精神世界的性灵之宝，
滋育着勤劳、智慧的各个民族。
它们的灵幻之光、神美之韵，
令民族文明的创新之流波涛起伏！

有些存在

有些存在，
你看不见，
不留记录，
便烟消云散，
即使有印迹，
留在人间，
对个体生命而言，

也很短暂！
但每一种存在，
都有它自己的命运，
天地苍茫，
时日无限！

2012.8.28

清晨起来

清晨起来，
看苍天，
旭日将升，
辉煌灿烂，
黄昏将至，
看苍天，
晚霞绚丽，
火红一片。
只要苍天有太阳守卫，
光明美景，
总在人间！

2012.8.31

新的一天的实质是什么

新的一天的实质是什么?
是新的天地、新的生活!
它所需要的是创新思维,
是新的进取、新的开拓!
时间虽是宝贵财富,
但需要不断求索、奋力挖掘,
消极悲观、一味因循,
只能年华虚掷、岁月蹉跎!

2012.9.5

随着岁月的向前推进

随着岁月的向前推进,
生活也将美而多变,
这是人生的自然规律,
因为历史文明在进化中发展。
这不仅要有个人的有为、进取,

更与社会新生的参与有关，
这些加入生活洪流的后起之秀，
要在世路上展示他们的才能和奉献！

2012.9.7

任何时候

任何时候，
生事的向前推进都有个正确方向，
但这并不意味着你总在正确方向上迈步前进，
前行之路时时刻刻都有偏离正确方向的可能和危险，
只有你随时随地清醒、理智地主宰自我，
才能有效地把握机缘和命运，
令珍贵的生命避免走上危途，迎来祸殃！

当我独自静坐的时候

当我独自静坐的时候，
所面对的就是我自己！
我的清醒、我的理智，

——生存环境中的祸福情势。
还有我的往昔和现在，
即整个人生的沧桑阅历，
包括我在人类文明进化史中，
——真实内涵，所处位置。

2012.9.16

生命的悲剧随时会发生

生命的悲剧随时会发生，
但是你不用提心吊胆！
苍天不塌，大地不陷，
命运已由大化承担！
应该飞升的自会飞升，
能够运行的自有伙伴！
如果你注定了立地成才，
身畔不缺理性的靠山！

2012.9.11

上苍对我的最大恩施

上苍对我的最大恩施，
是生命的时间无限珍贵！
不管白昼或者黑夜，
我必须对它谨慎地护卫！
不能有丝毫疏忽、怠惰，
要时时充满挚爱和敬畏，
也不能出现错误和疏漏，
或忘却忧患，肆意妄为！

2012.9.17

好啊，太阳

好啊，太阳，
今晨你又从东方升起，
旋转你那圆圆的光轮，
挥洒着耀眼的光辉、火样的热忱！
我也在人世上与你同行，

虽然它重负着暮年的艰辛！
在这生命的神圣的征途上，
同样奋力前行，自豪而坚忍！

2012.9.20

没有失眠之夜的白昼

没有失眠之夜的白昼，
终于落在了我的手中！
经过了多少艰辛的挣扎，
才得到如此可喜的成果！
这种白昼纯洁如玉，
这种白昼珍贵胜金，
我要把它献给事业，
献给守护人生的良心！

2012.9.21

生事的玄奥机遇铺天盖地

生事的玄奥机遇普天盖地，
生命与它若即若离，
对生活要持谨慎和敬畏态度，
就是把不测的机遇奉为神祇！
人不仅随时会与祸福相连，
且也时时处处和神奇相依，
总揽人生命运或谋生的智慧，
就是与生事的玄奥机遇相携相提！

2012.9.27

风云变幻

风云变幻，
节序演变，
春秋四季送走流年，
时日有限而又无限！
莫叹流光易逝人易衰老，

浓云散去就是晴天，
人间常景是变动不居，
永远是新的景观、新的机缘！

2012.9.30

时间

时间，
谁的时间是无瑕的至宝，
毫无伤损完美如玉？
谁毕生没有良知的愧疚，
浩气弥漫令名传世？
但时间毕竟有生的安慰，
它能显示存在的价值。
如果你承担着时代重负，
也可面对古今无愧天地！

2012.10.3

昨天播种

昨天播种，
今天生芽，
明天开花，
之后结果。
时与事物共存共荣，
物性有别时主进化。
所谓天人合一成圣成神，
那是世间人文的不朽精华！

2012.10.5

有进有退是走路的正常现象

有进有退那是走路的正常现象，
不要因退而丧失进取的勇气！
即使已经被击倒在地，
也要争取再次站立、重新起步！
人生就是如此严峻，

它需要的是不被征服的英雄、志士。
哪一个事业有成的人，
不是在挫折和艰危中拓展生路！

2012.10.17

夜，对我就是进军的桥头堡

夜，对我就是进军的桥头堡，
每一个得到充足睡眠的无虞之夜，
都可以使我在新的白昼——新的阵地上——
昂扬地吹响进军号！
新的行进征程有新的战绩，
增添着新的自信与自豪。
即使是在桑榆之年，
人生的书写仍有青春年华的灿烂光耀！

2012.10.21

一个希望破灭

一个希望破灭，
另一个希望萌生。
只要你牢牢地把握着生命，
希望自会层出不穷！
生命就是真实而广阔的世界，
人间万有蕴含其中，
这既是萌生希望的沃壤，
又是承受世上新陈代谢的永恒！

2012.11.1

什么事都会成为过去

什么事都会成为过去，
不管是好事与坏事。
什么人也会由亲近趋向疏离，
不管是故旧和仇敌。
只要你用时空的距离考量所有的人际关系与纷纭世事，

理智的清醒就会落脚你的身畔，
与你分担重负和忧戚！

2012.11.4

世间什么事物都有克敌

世间什么事物都有克敌，
所以你不要肆无忌惮、无知妄为。
那些穷尽全力发展先进武器的国家，
也会四面楚歌、国势衰微。
往往野心有多大灾祸也有多大，
邪路走得越远损失越无法挽回。
世上万事都有正邪、善恶、美丑、成败之分，
只有在正道上前行，从善如流，
才能得到天理，人愿的拥戴和卫护，
避免灾患，人生有为，事业有成！

2012.11.4

我脚下踏着的片片枯叶

我脚下踏着的片片枯叶，
待到明年即化为尘土，
叶的毕生所有作为，
都献了它所寄生的树木。
树木得到叶的奉献，
枝丫向着碧霄长去，
最终成为栋梁之材，
风雨之中屹立人世。

2012.11.9

夜，是白天的通行证

夜，是白天的通行证。
灾难，
是高尚和幸福投下的阴影，
由此联想到死亡和绝望，
联想到人生的一切不幸，

它们都是培养生命敬畏神明，创新进取发展走向新生的珍贵财富，
以此使人世永保人文历史的活力无限的希望和光明！

2012.11.17

每一个白昼一个新生

每一个白昼一个新生，
每一时刻也是一个新生。
生命就是这无尽新生之集大成，
万事万物都在新生之路上前行。
时流就是由新生组成的进化的洪流，
前进的脚步分秒不停。
人生是被时流裹挟、拥戴的人生，
奇迹美景尽在其中！

2012.11.18

灵魂与肉体在健康状态中和谐合作

灵魂与肉体在健康状态中和谐合作，
生命便会有幸福和安乐，
如果它们各有天生的伤残，
生存即在灾难中挣扎！
最可怕的是遇上天灾人祸，
天赋才能破强势侵夺。
肉体和灵魂只能在失去自主能力下苟延残喘，
最终埋葬于灾伤与邪恶！

2012.11.21

岁月

岁月，
它保有无穷无尽的秘密！
它的家私富藏无限，
但却只让你看到为数不不多的几样司空见惯的无聊的东西！

它就这样让你与平庸、乏味相守相伴，打发生活，
以你的生命、你的热血、你的才智，
似乎你是被关在门外的不受欢迎的客人，
它要用冷漠，倨傲将你抛弃！

2012.11.26

生命正常成长的沃壤

生命正常成长的沃壤，
就在我的双足之下。
只要我在人世上立足，
就得到它的养育的恩泽！
因此生命成长的天赋，
在时流的运化中有了无限的保护和依托，
生命之根越扎越深、越布越广，
生命之树自然独立苍茫，正直而高大！

2012.12.21

青年的挫折积累财富

青年的挫折积累财富，
老年的挫折挖掘财富，
终生挫折是一笔巨大财富，
是文明史前进的时代脚步！
不断迎受挫折的人啊，
你的路走得超凡脱俗，
最终将成为一座人物雕塑，
站在文明园林高处！

2012.12.12

人的一切都异常珍贵

人的一切都异常珍贵，
哪怕是一次短暂的睡眠。
论及人的理想和追求，
那可是事关生死、价值无限！
但要使理想追求变成现实，

则困难重重、障阻万千。
人也只有为此坚持不懈、兢兢业业、奋斗不息，
虔诚地信奉、谋事在人，成事在天！

2012.12.13

每夜醒来我都苦苦寻索

每夜醒来我都苦苦寻索，
苦苦寻索生命的诗句。
看生活给了我什么灵感？
岁月把我领到了何处？
上帝赠给我的晨昏。
我是否使它化腐朽为神奇铭诸永古？
我为艰难的人生敬献血诚，
在崎岖的世路上跋涉征途，
幽深夜寂为我的清醒储备的性灵的财富，
我勤奋地检查，虔诚地记录！

2012.12.14

昙花一现

昙花一现，
昙花的花株曾经进入过我的视线。
作为美的象征昙花的现实存在，
——它的美真令我警醒而震撼！
美的珍贵最揪心的真质之一，
就是显现的时刻难测而短暂！
啊，与其相类似的惊心之美，
最夺魄摄魂者当属人间艺术作品的创作灵感，
而捕捉由灵感而引出的存于文明世界的不朽的艺术奇葩，
其美的存在却可以在人间永恒地流传！

2012.12.18

我是一个天窗

我是一个天窗，
我能存在，

这是上帝的自然恩赐，
那么多灾难没将我毁灭，
这不仅是人意，也是天意！
中华民族不管遭受多少天灾人祸，
终究会在世界上巍然屹立！
毫无疑问，
对此，岁月自会假以时日！
应该抛弃的且将它抛弃，
值得珍惜的千万要珍惜！
天理和人愿是永恒的存在，
挫折的指归是走向最后胜利！
啊，时时刻刻不要忘记！
辉煌的太阳天天升起！

2012.12.15

每个日子都很珍贵

每个日子都很珍贵，
对于已成耄耋之人。
如果你有著作此时厘定，
更是不可或缺的奇珍！
一生血诚凝成的结晶，

进一步升华为稀有神品，
而最后脱手奉献给人类，
是人尊在叩敲天国之门！

2012.12.18

生路上的一个个险关

生路上的一个个险关，
就是一架登高的天梯。
它使人一步步成长精神品格，
由平庸、怯弱提升为非凡、卓异！
就是它培养时代先驱，
就是它塑造为人的胆识、勇毅，
就是它把一个个优秀人物，
列入辉煌的人类历史！

2012.12.20

奇迹与奋斗是一回事

奇迹与奋斗是一回事，
它们永恒地焊接在一起！
如果说奇迹能凭空出现，
那是庸人的人生梦呓！
若说二者之间的关系，
奇迹就是奋斗的果实。
要想奇迹不断出现，
需要持久的奋斗作为助力！

2012.11.25

平生事人还是事天

平生事人还是事天？
冥冥中只能天听天断！
个人一生守护的神灵，
应是人的良知和尊严！
守住良知无愧天地，

尊严不失人自伟岸！
达观、超然联通高远，
生之大爱天上人间！

2012.12.24

曙光一点点地升起

曙光一点点地升起，一点点地前进，
一点点地扩大，
直到磅礴的太阳从东海涌出，
光辉炽热的阳光才进入白昼，君临天下！
世上的新生事物其诞生情势都是如此，
摧枯拉朽之势有分娩的喜悦，
生命的生存只要正常、健康地按自然发展规律前行！
可喜的成果自会来自演化和进化！

2012.12.30

时间

时间，
横看也是一片良田！
到处都是生机勃勃，
角角落落有生命的奇观！
是它们把岁月的瘠土改造成沃壤，
广袤中有纷繁的作物相映生辉、色彩斑斓。
回忆变成了欣赏火花盛典，
历史文明自然得到了生动的展现！

2013.1.3

新的一天蕴涵的财富

新的一天蕴涵的财富，
是昨天的财富的积累和发展，
想到这一点应该引起警惕，
这自然包含负面的灾患！
生命都有健康成长的一面，

同时，潜伏的病害也会伺机扩延。
生存的现实永远如此，
所以，对时日进展应是喜忧相伴！

2013.1.3

到了老年我才发现

到了老年我才发现，
诗的国度就是天国！
诗韵就是神奇的天梯，
踏着它就能与神对话！
我这个终生登天的人啊，
路途多么寂寞、险仄！
但登天终是神恩所赐，
福祉全在难言的登天之乐！

2013.1.6

能轻松地走路，轻松地做人

能轻松地走路，轻松地做人，

就是人生的最大幸福！
一旦走路和做人都力不从心，
生命便压上沉重的痛苦！
痛苦的重压下要继续艰难的人生，
就需要动员明智竭诚地参与。
让明智来剖析和判断你所遇到的所有祸患与险阻，
并一个一个去消解和征服！

2013.1.9

已知世界和未知世界

已知世界和未知世界，
组成一个完整的世界。
我们就在这个完整的世界里生存，
自然也要受它的主宰！
而已知世界是现实，是现实生活，
未知世界有灵魂的依托。
我们在踏着已知世界的道路，
向未知世界进发、开拓！

2013.1.14

时间到了

时间到了，
——请进！
时间过去了，
——再见！
听见了吗？这是诗人和时间对话。
他与时间有共同语言！
有罪者——到时候就降临惩罚！
有功者——到时候就被成功加冕！
至于需要考验的活着的人们，
——放心吧，
时间不会轻易地放他们过关！

2013.1.15

希望

希望，
是我生命的阳光！

只要有希望与我为伴，
我的生命就能健康成长！
而如果希望与我疏离，
我自然失去身心的健康！
啊，为了让希望永远与我相守。
我时时奋力拼搏，天天向上，
只要路上遇到障阻，
我便竭尽全力地把它扫荡！

2013.1.20

岁月有如一条锁链

岁月有如一条锁链，
它的链环是白天和黑夜。
人类史也是一条锁链，
其链环似乎是时代功过。
人就在这两条锁链上体现自己的存在，
生死交替代代连接。
只有文明进化这条纽带，
把他的过往足迹留在光天之下！

2013.1.21

一生经历的坎坷与灾苦

一生经历的坎坷与灾苦，
是一条人生的成长之路。
一路走得认真、坚实，
自然成长为人中翘楚！
人人都会有生命的遗产，
隐显大小各有表述，
人类史是一支理性的春秋笔，
它公正地评议人的荣辱！

2013.1.25

时间

时间的走向令人胆寒！
只有心中没有生死之忧的人，
才会没有岁月的沉重负担！
为了寻求心灵的慰安，
人类产生了对精神及其不朽的系恋，

正是这种神圣而崇高的超越死亡的理念，
使人类赖以生存的文明进化史既前途无量，
又活力无限！

2013.1.31

未来

未来是悬在头上的达摩斯利剑！
任何人都无力将它避开，
它随时会降下灭顶的灾难！
未来又是新生的太阳，
它永远上升、上升，金光四射，辉煌灿烂，
为你照亮人生的征程，
令你前景高远无量，荣耀无限！
啊，未来也是永恒的生命之星啊，
你的生死存亡由它主宰，任它驱迁，
且敬畏未来，膜拜未来，拥抱未来吧，
除了未来，
还有什么能收受你那信仰和血诚的崇高奉献！

2013.2.12

对我来说

对我来说，
最神圣的财富就是时间！
哪怕是在夜中睡眠，
哪怕在睡梦中我还是冤狱中的囚犯。
这说明我还不失生命的灵智，
我仍活在多难的人间！
更何况是在白昼的阳光中醒着。
有良知的爱憎和我为伴，
我仍置身于民族的历史洪流之中，
与爱国者共担拓荒者的险难！
啊，一生的艰难奋争里程可以回顾，
时代的脚步声也能听见，
当看到全民族奋力改变祖国命运的历史创举不断涌现，
这时间带来多少慰勉！

2013.2.13

未来之势

未来之势，
迅猛异常！
它锐意要走自己的道路，
并拓展全新的世事沧桑。
因此我乐于与它偕行，
虽力不从心，脚步踉跄，
我永远忠于未来的智慧和皈依，
且为之敬献血诚和力量！

2013.2.15

不要全身心地忘我劳作

不要全身心地忘我劳作，
倒要不能轻慢了适时休息！
这是所有努力上进的耄耋之人，
至关主要的护命要旨！
那些盛年夭折的有为者，

多是极度的过力负出所致，
只有一面进取，一面乐享人生的长途跋涉者，
才会在悠悠岁月中写出人世人生的长卷风景诗！

2013.3.9

时间的最令人头痛的特点

时间的最令人头痛的特点，
是你渴望它快它偏不快！
你需要它慢它偏不慢！
世人谁也想把它主宰，
最终，谁也得屈服于它权势的威严！
老年人一生中与时间较量多多，
经验告诉他要敬畏时间无穷的高远，
只有有了长远谋事的智慧和能力，
时间才授予他智慧、超脱又稀有的天年。

2013.3.10

清醒

清醒，
岂不是主宰生命的神灵！
岁月因它成了生动的现实存在，
眼前阅不尽人间美景！
生路也越走越平坦、宽广，
艰辛、灾难通向崇高、神圣，
坎坷而险恶的漫漫征程上，
步步高举着创新的光明！

2013.3.24

千古一时

千古一时，
一时千古。
这是人生与时间的关系的永恒的哲理！
可以此来涤荡人世腐朽与邪恶，
也以此阐发人生的神圣含义！

且敬畏现实生存，
抚慰悲壮伟举，
精粹醒魂，
铭心刻骨，
千古一时，
一时千古。

2013.4.17

踏着阳光走路

踏着阳光走路，
难道不是一种幸福！
走快走慢由能力决定，
坎坷与艰难是路势所趋。
阳光之下自有美景，
沿路自有崭新境遇，
人生智慧怎样积累？
路途上尽是生命的财富！

2013.4.21

诗篇

诗篇，
是卫护心灵平衡的支点。
每首诗都是对心灵平衡的有力的把握，
每首诗都体现着生命的精诚和尊严！
文明进化是人类的永无止息的奋进里程，
卫护心灵平衡的旋律也永远激扬、
回荡在永恒的人间，
真善美是生命长存的主宰，
自然支持生命的诗篇也永在世上万古流传！

2013.4.26

最美的财富

最美的财富，
就是时间。
时间的财富来自生命的创新。
创新的生命，

神圣而伟岸！
因此，
生的哲学就是有为，
有为，是歌颂生命的不朽诗篇！

2013.5.7

光明不只与美善结缘

光明不只与美善结缘，
同时也与丑恶结缘。
善恶是非的辨别和判定，
又绝非是来自一家之言！
人事就这样纷纭复杂，
浮沉穷通中错失难免。
智慧的原则是心存敬畏，
立人时刻与良知为伴！

2013.5.8

词语就是生命的财富

词语就是生命的财富，
与词语相守是生命的幸福。
人的尊严、权利与崇高荣誉，
就靠庄严的词语卫护！
啊，有辉煌、壮丽的词语为伴的人生，
不朽的生命俯视千古！

2013.5.23

坦坦荡荡

坦坦荡荡——
无价之宝。
人生路上有良知为伴，
艰难险阻就无法挡道！
那邪恶势力制造的不幸，
可使人终生在痛苦中煎熬，
但只要坦坦荡荡人格不亏，

光天下就立着爱憎的自豪!

2013.6.3

太阳沉落，星月升起

太阳沉落，星月升起，
这是告诉我们的这样的真理。
新陈代谢的规律不易，
时间脚步不会止息!
你只管迈步向前走去，
不要担心把自己走失，
新的境遇会不断出现，
变幻之中自有神奇!

2013.7.6

只要你心中存有大爱

只要你心中存有大爱，
新的希望就会到来。

凡是不失爱心的人，
生命力自然长盛不衰！
不信你去问所有战胜死亡的人，
他们的心中可曾接受过失败？
是爱心支持他们夺得奇迹，
使艰难的人生焕发出异彩！

2013.7.6

回顾来路与展望前景

回顾来路与瞻望前景，
合起来就成为人的一生。
生的脚步却是目前的现实存在，
善恶生死是由它来主宰，判定！
“前事不忘，后事之师”，
但开拓、创新永远是艰难的人生征程！
先贤的言行虽可为明鉴，
且莫忘那是来路的圣明！

2013.7.10

时间的财富无穷无竭

时间的财富无穷无竭，
最珍贵的财富是眼前的岁月。
人在岁月中创造的财富，
也会被岁月悉数洗劫！
但生命与时间有限而无限，
“天人合一”是人间的杰作。
充满了青春活力的岁月，
会为人世塑造一代代人中英杰！

2013.7.21

爱美就是热爱生活

爱美就是热爱生活，
自然也是热爱生命。
人一生倾诚地信仰并追求美，
就会活得高尚而英明！
世间之美无穷无尽，

有无数先贤为美牺牲，
一个竭尽全力为美献身的人，
忍受煎熬也乐在其中！

2013.7.21

岁月

岁月，
它有看不尽的画面，
它有说不尽的内涵。
自然有无穷的美的诱惑，
也有令人忧惧的不测的灾祸与风险！
它是人生路上的重负，
使人的智慧永远承受磨难的煎熬。
同时，又能不断地给人慰勉与欣幸的感悟，
让人有自我陶醉中拥有无尽的依恋！

2013.8.2

新的一天

新的一天，
对我来说是新的考验。
它考验我的心态，
考验我的明断，
考验我在新的征程上的行为选择及怎样起步，
是否能对前行的障阻进行拓荒者的有胆识的挑战，
而如果它就关系着我人生的神圣使命，
我又将如何责无旁贷地审慎应对，
使我避开毁我前程的各种风险。

2013.8.4

诗神

诗神，
主宰着我的灵魂。
是她主导的爱的心声，
使我在和谐的音韵中浮沉！

人生跋涉于声色世界，
声是主导生命的至尊，
它所体现的神灵之爱的烈烈精诚，
一代代感召着向善的世人！

2013.8.10

什么时候也不要忘记

什么时候也不要忘记，
希望是生命的万能的救星。
它就像天上运行的太阳，
永远散放着无穷的光明！
光明就是引路的神灵，
它照亮漫长的人生征程，
使你看不尽人间之美，
终生陶醉于美的氛围之中！

2013.8.17

生存的时间必须争取

生存的时间必须争取，
生存的空间更需要开拓。
不然就无法在人世生活，
人间处处有劫生的灾祸！
就这样为了一条生路，
天地间到处有争生的战火，
防范意识也人人具备，
更普遍困扰不同的国家！

2013.8.26

小事能拎得起放得下

小事能拎得起放得下，
大事也能拎得起放得下。
智慧和能力才堪称卓绝，
才能谈拯救自己和祖国！
风云人物非天所赐，

苦难的深渊里往往有圣哲，
为什么世人总寄希望于未来？
因为那个世界里永远扬善惩恶！

2013.8.31

人的生存有多个领域

人的生存有多个领域，
个个领域都有各自的活动空间。
所谓生老病死、衣食住行，
所谓善恶是非、爱憎恩怨，
哪一个存在没有沧桑浮沉、消长变幻！
哪一刻不是安危莫测、令人胆寒！
人生舞台辽阔无边，
又天灾人祸风险不断，
何地不是仇敌窥人，陷阱难料，
何时不压着奔波征人的要命的负担？

2013.9.2

未来就像无价之宝

未来就像无价之宝，
人人都在翘首以待。
不管顺境或是逆境，
最大的安慰是想到未来！
其实未来就是眼前的“现在”，
是在生存现实中的清醒心态。
它就是拓荒者的脚下的路，
随时需要你发现和清除路上的障碍！

2013.9.3

希望

希望，
是照耀生命的永恒的太阳！
如果说岁月中有无穷珍宝，
那宝中之宝就是希望。
但发现希望需要神圣之爱，

守护希望则要有智慧的坚贞不屈、奋发向上，
要希望对你忠贞不渝，为你的业绩和声誉做出卓越贡献，
你又得在艰苦辛劳中把毕生热血全部耗光！

2013.9.10

人间的光明来自太阳

人间的光明来自太阳，
人间的温暖来自太阳，
但真照亮温暖人心的是人类文明精神的精华——
那理性的智慧和爱的富藏！
人生的欣慰与幸福并非来自荣华富贵，
那是人与人世彼此之间的纯洁而高贵的神圣之爱，
那相互得到涵养的护佑和发扬！

2013.9.19

酷暑过去

酷暑过去，

即未严寒，
灾难才走，
又来新的灾难！
人世就这样生事多艰，
一代代人接受着现实的残酷考验！
然而，
生的乐趣和幸福也在其中，
还有光明，
还有美善，
人人的心头闪耀着希望之光，
善的憧憬永远拥抱着多难的人寰！

2013.9.18

肉体健康，灵魂健康

肉体健康，灵魂健康，
这就等于身处天堂。
如果寻找它的不足，
那就是还没有显示出生命的价值、尊严和力量！
生命的价值、尊严和力量，
是人之生命的至高无上。
由此我想到那些对人类文明做出卓绝奉献的人，

他们是人中神圣，世代的榜样!

2013.10.6

致命的打击

致命的打击，
往往不是来自你的仇敌。
很可能是来自你本身的虚弱吧，
来自你的健康的渐渐缺失!
谨慎地侍奉自己的虚弱地，
不要有丝毫懈怠、麻痹。
如果对自己失去警惕，
则会出现意外的祸患与灾难!

2013.10.8

未来的岁月中有无穷的奥秘

未来的岁月中有无穷的奥秘，
既往的历史中也有无穷的奥秘，

在时间隧洞的任何时段中，
都有无穷无尽的内涵与哲理。
你现在面对的生活现实，
所有的见闻都含有人生的启迪，
你有所作为的智慧和才能，
正体现着生命的真实价值！

2013.10.23

夜

夜，
神圣的夜，
你是化腐朽为神奇的真正的上帝！
我在你的博爱的怀中获得新生，
你使我瑰异的希望变为现实！
你的考验一次次把生的劫难筑为生命的上升的阶梯，
让我沿着它走向得救之路！
我的多难人生的永恒的偎依啊，
你护佑我安详而荣耀地活在人世！

2013.10.24

写诗最苦

写诗最苦，
诗思喋血，威胁生命！
写诗也最乐，
飞扬的神魂似从劫难中获得新生！
啊，诗人终生在苦难中煎熬，
终生守护着心中那盏不灭的孤灯，
以便照亮自己的人生征程，
为人世增一份欣慰的光明！

2013.10.27

善恶是非荣辱浮沉

善恶是非荣辱浮沉，
哪一刻不在将我拷问？
拷问我人生的历史脚步，
拷问我艰难的现实生存，
拷问我生命的价值定位，
拷问我思想进取的本真，

以及我的理性的存亡，
我的魂梦的偎依与诚信，
我的左右命运的上下求索，
或敢于向劫难挑战的雄心……
啊，善恶是非荣辱浮沉，
哪一刻不在将我拷问？

2013.10.24

是谁主宰我的人生命运

是谁主宰我的人生命运？
是冥冥中的上帝，是我自己？
还是国家和民族的文明进化？
还是整个人类世界的福祉？
天上三光日月星辰，
广阔无垠的立身之地，
自然规律的前进的脚步，
我生而为人的天赋资质，
当也参与主宰的行列——
其明确答案何处寻觅？

2013.10.30

我的生命的最神圣的时刻

我的生命的最神圣的时刻，
何时出现在我的面前？
为了一步步向它靠近，
我已迎受过多少磨难？
是否那神圣时刻的内涵，
就包括我生活上的所有艰险，
而诞生它的特异的真谛，
是在满怀希望的艰难跋涉中体现！

2013.10.31

时间——生命的上帝

时间——生命的上帝，
它与爱携手创造人间奇迹！
理性没有醒来的人，
过眼云烟何足挂齿！
与时间比肩并立的人，

卓尔不群，自强不息，
时间是其永恒的主宰，
空间是坚实的立足之地！

2013.11.1

不尊重历史必受惩罚

不尊重历史必受惩罚，
坚持愚昧自然愚蠢。
无视智者难逃鄙俗，
正视现实是理性为人。
不朽的业绩在于艰难积累，
希望的光明来自清醒的坚韧，
一得之见是生路之光，
辉煌人生由它指引！

2013.11.4

岁月的章页永远鲜丽

岁月的章页永远鲜丽，
朝华夕晖不会陈旧。
出现你面前的每一个孩童的脸上，
生命的美色都令人惊异！
成年人玩的战争的游戏，
会给人带来血色的恐怖。
但这是人世大舞台上的一个丑角，
它扳不倒日新月异的人类进化史！

2013.11.5

时间

时间，
是一条策人奋进的钢鞭！
但这钢鞭却握在自己手中，
其分量的轻重与别人无关！
时间也是条永恒的长河，

它的不竭源泉是人世的灾难。
所有的生命都在长河的波涛中淘宝，
那至宝是战胜生命的短暂！

2013.11.7

历史，岂非护生的神祇

历史，岂非护生的神祇！
她是人类文明之母，
是建设辉煌未来的基石！
凡是存在过的美丑善恶不会影迹全逝，
走过的岁月总要留下足迹！
历史没有淘汰人世腐恶的神异之力，
时代新生何处立足！

2013.11.9

我的面前有一条永存的生路

我的面前有一条永存的生路，

同时身畔也有一个永存的陷阱！
我只有在高瞻远瞩的生路上不倦地奔波，
才可避免陷阱向我靠拢，夺去我的生命。
啊，形势严峻，不容怠忽，
守护生命的是理性的清醒。
生命艰难不言而喻，
因灾难在与日月共长久地伴我偕行！

2013.11.11

人的生命

人的生命，
有限而无限！
为了赢得无限的生命，
人们悲壮而艰难地奋斗在人间。
一部高扬人世美善的人类文明史，
是记录无限生命的神奇的长卷。
它与天地日月共长久，
无限的生命永恒地拥有光辉的明天！

2013.11.14

眼睛看不到事实真相

眼睛看不到事实真相，
耳朵就会被谎言欺骗！
耳中听不到智者的心声，
人生视野谈何高远？
身畔尽是嚣嚣浮言，
生命自然苟延残喘。
因为无法明智的做人，
独立的灵魂没有生存空间！

2013.11.11

世上的珍宝无穷无尽

世上的珍宝无穷无尽，
哪一种珍宝能胜过生命？
由此人们应该清醒，
生之所需都应分享“珍宝”的荣誉！
莫说这种见识低俗，

是无华的质朴守护着人们向善的本性，
并以此维系和建树世界文明，
使人类永恒地奔波在光明无限的美善的征程！

2013.11.18

世间的财富分有形和无形

世间的财富分有形和无形，
有形的目之所见，
无形的心会神领。
人的生命也有这种区分。
有形者肉体，
无形者神智聪明。
若论两种生命财富的长短寿命，
有形者岁月有限，
无形者可与人类文明史长久偕行！

2013.12.29

已过的岁月的存在——真实

已过的岁月的存在——真实！
未来的岁月的希望——虚幻！
现实是已往的岁月的真实价值，
血肉之躯是既往的纪念！
所有的财富都是已往的积累，
所有的债务都是已往的拖欠！
闭目不看已往的真实存在，
是蔑视生命的价值和尊严！
不以既往为师的所有经营和梦想，
都是欺人自欺的一派谎言！

2014.1.1

活着就要担受风险

活着就要担受风险，
与邪恶对峙风险更大！
如果遇险即要退缩，

那是懦夫，是自甘沦没！
是拓荒者就要冒险进取，
只有进取才能扩大人生视野，
要站在高处俯瞰万物，
只能步步攀登，不能堕落！

2014.1.2

岁月的奇迹令人惊叹

岁月的奇迹令人惊叹，
何时何地不是瑰丽壮观！
如果你有艺术天才，
你智慧的创造更是奇迹体现！
生命在岁月中跋涉长途，
个个足印留在人间，
这就是人类文明的历史洪流，
这是怎样的奇迹内涵！

2014.1.8

希望

希望，
挖掘不尽的生命的宝藏！
不管是星星月亮和太阳，
都是映照希望的光！
不管是陆地和海洋，
都是孕育、成长希望的永恒的温床！
人在希望的招引下奋进不息，
在希望的护佑中阅历沧桑，
最终写一部荣耀的人生史，
——不朽文明的血泪文章！

2014.1.28

脚下的大地

脚下的大地，
头上的苍天，
就是我生命的忠实伙伴，
不只护佑着我生命的荣誉和尊严，
也佑助、鼓舞我登高望远！

我信仰不倒，希望不失，
生路上自会美景无限！
苍天和大地积蓄的财富，
足可以支持我开拓进取，乐享天年！

2014.2.26

此时此刻

此时此刻，
你是否走在正确的路上？
你的世界是否存在？
你的眼睛是否明亮？
你可知道你的危险处境？
你是不是患得患失、鼠目寸光？
你是在清醒地把握生命，主宰自我？
你的心态平衡是否健康？
你的上下求索之功有无价值？
你是在问心无愧地活在当今？
啊，此时此刻，纵使遇上千难万险，
你是正在自己应走的人生路上？

2014.3.2

先人创造的每一个词语

先人创造的每一个词语，
都是对我们的昭告和宣示，
譬如登高望远，养精蓄锐，勤俭节约，未雨绸缪，
敬畏神明……
哪一个词语不富含人生哲理，
指导着我们的创业人生？
不到老年体悟不到传统文化的深奥和魅力，
不感悟它是我们中华民族的文明的基石，
可支撑我们尊严的千秋大业，
捍卫着人类文明，屹立万世！

2014.3.27

没有瞬息哪来的永恒

没有瞬息哪来的永恒，
瞬息的神奇是永恒的生命！
踏着永恒走路的人，

必是主宰瞬息的强人和英雄!
凡是能使瞬息焕发光彩的所有生者,
都可攀登事业的高峰,
那些永载文明史册的非凡的历史人物,
谁不沉醉过无穷瞬息的生的美梦!

2014.5.17

生路

生路,
就在你的心灵深处!
生的前景,生的业绩,
就在这儿孕育,在这儿存储,
心灵是主宰生命的神,
也是客观世界的万能之主,
只要它受到肉体生命的支持和卫护,
人生事业会奇迹迭出!

2014.6.3

除恶存善才有心灵的平衡

除恶存善才有心灵的平衡，
净恶向善才有希望。
心灵去不尽恶的纠缠，
生命会被它拖向死亡！
要想挽救自己的生命，
要清醒地发现希望的光亮，
那点光就是救世神灵，
你要相信它的力量！

2014.6.6

时间和空间

时间和空间，
都是你的生死大关！
不管多么宏伟、悲壮的人生或历史戏剧，
都是在时空的舞台上进行表演！
莫小觑你面前之人的姿态、眼色，

要听到对方心中无声的语言，
它们都是你的命运之风的青萍之末，
可能令你心冷骨寒！

2014.7.2

人生的光明

人生的光明，
来自天良，来自理性，
哪怕它系于微贱的生命，
哪怕它是一丝亲情！
人生的现实存在变幻不定，
生路总有光明前景，
只要你对人的天良时有发现，
对理性的天音敏于倾听！

2014.7.23

幸福的前景

幸福的前景
自己开拓!
生命的潜能
永无穷竭。
一丝阳光，一口空气，
都关系着人生的宏伟事业!
何况神异的血肉之躯，
上帝赋予它情思之火，
它需助燃，也能自燃，
成长创造之功，
是永恒的杰作!

2014.8.2

汲取智慧

汲取智慧，增长才干。
人生之路，勇往直前。

日新月异，美景无限！
眼前障阻，使你得道成仙！

2014.8.10

每一个物象

每一个物象，
都是导师。
开拓之路，
广阔而神奇！
灾难之中的智慧之火，
是生命依托的阳光和空气！
所谓“车到山前必有路”，
是光明进化的永恒的旗帜。
进取者眼前没有绝境。
所有劫难都可以冷静处理。

2014.8.25

平衡心态就是奇珍

平衡心态就是奇珍，
它永远支持着你的不屈奋进！
它既调节着你的均匀的脚步，
又护卫着你的智慧的灵魂！
回顾走过的奇险的来路，
是它书写着你的幸运。
未来那无上光荣的生命里程，
它还将是最理想的守护神！

2014.8.25

岁月

岁月，
永远展示不完现实生存的生动画面。
每一个从东方升起的朝阳，
都带来无数新生婴儿的笑脸。
他们是未来现实的缔造者、建设者，

生活画景将宏伟壮丽、辉煌、璀璨！
随着人类文明发展史的进化走向无极，
日复一日、年复一年！
我们是昨日腐朽遗留的掘墓人。
他们继我们之后一代代接班。
且具有更加前瞻后顾的眼力和能力，
保证着岁月发展前景的潜力无限！

2014.9.1

每一个人的心理平衡

每一个人的心理平衡，
都源于社会的正义、公平！
一旦权势向邪恶倾斜，
举国上下会鸡犬不宁！
有权者的理性和良知，
根植于了解和维护善良百姓。
莫小看一介国民的心灵圣地，
它的纯朴、圣洁不容许赫赫皇权跋扈横行！

2014.9.9

只要生命的根深深地扎入土壤

只要生命的根深深地扎入土壤，
阳光就会保证你的成长！
即使有风暴意外摧残，
天空和大地也会提供安全保障！
觉醒的人民支柱着先驱者的光辉事业，
人类进化是永恒的阳光，
先哲的智慧嘲弄着无数时代小丑的弄权伎俩，
岁月的进取有无穷力量！

2014.9.10

岁月

岁月，
是裹挟人生的一条险流。
每一个奔波生途的人，
都必须在险流中挣扎、搏斗。
他有诉不完的炎凉哀曲，

更有道不尽的历难悲忧。
最终能得到超脱、淡泊的情怀。
方可能主宰自我，追述生之险难的奇瑰春秋！

2014.9.11

挫折

挫折，
应该越挫越勇，越挫越顽强。
一生能迎着挫折前进，
才称得上是民族的脊梁！
晚年有挫折穷追不舍，
这是天恩啊，应感谢上苍。
挫折将使你得到永生，
使你的晚年岁月闪闪发光！

2014.9.14

既然自然的潜力无穷

既然自然的潜力无穷，
人的天赋同样潜力无穷！
发展变化是世上常景，
包括时代兴替、善恶互动！
人注定在世上艰难跋涉，
沧桑浮沉应淡定、从容。
只要顺潮流而动，清醒自处，
进化史上自有你的微功！

2014.10.17

我的价值

我的价值，
就在于我。
自我乃是天之骄子，
敬畏自我是我的天职！
这就是人类之所谓人类！

这就是人世之所谓人世！
人在人世顶天立地，
就在于天赋自我不失！

2014.11.29

一觉醒来

一觉醒来，
已是凌晨。
新的白昼既已降临！
伴我上路的仍是忠贞的灵魂。
我们一生结伴跋涉，
历尽人世沧桑悲辛！
这新的一天能否坚守住昨天的信念。
勇往直前，不甘沉沦？

2014.12.2

欲望

欲望，
且不可让它随时疯长！
古人所说的“无欲则刚”，
就是立人立世的光亮！
叵测之灾猝不及防，
欲望却暗藏杀生的祸殃，
淡泊来自修养和智慧，
“宁静致远”是来路方长！

2014.12.4

从平凡的生活中发现珍宝

从平凡的生活中发现珍宝，
在艰难的处境中获得珍宝，
应是立世为人的基础，
也是人生和时代的需要。
没有化腐朽为神奇的力量，

怎能赢得英才的称号！
有了“出淤泥而不染”的品格，
才能上升为一代天骄！

2014.12.6

人生之美

人生之美，
在于有许多生的美梦。
美梦陪伴着美的灵魂，
有美的灵魂才有美的人生！
一个与美梦无缘的人，
灵魂已毁于麻木和冰冷，
他只能在无爱无美的平庸中生存，
人世不留他的踪影！

2014.12.14

2015 年走进了我的家院

2015 年走进了我的家院，
2015 年走到了我的身边，
它将为我带来无穷珍宝，
最大珍宝莫过于太阳在天空高悬！
阳光下世界风光奇美，
阳光中人间生机无限，
铺满了阳光的人生之路，
会走出生的荣耀、业绩奇观！

2015.1.1

美的财富挖掘不尽

美的财富挖掘不尽，
美的人生前途无量！
我为人间之美献上颂歌，
为美的人生献出美的宝藏！
美的魅力充满人世，

人人在美中沐浴温暖的阳光，
人类也是永恒的友爱的长卷，
世世代代，地久天长！

2015.2.5

珍惜

珍惜，
莫忘珍惜自己的清醒和独立！
清醒中有生命的无价之宝，
独立才能使生的富藏生生不息！
珍惜中万有价值无限，
珍惜中岁月不朽而神奇，
生的荣耀，人的伟岸，文明之光，
无不在珍惜中拥戴人生，传扬人世！

2015.2.9

岁月沧桑

岁月沧桑，
你给我惩戒，
你将我塑造，
你令我忧惧，
也给我依傍。
你既时时将我提携，
又处处警告我莫坠虚妄！
我提心吊胆地奔波到暮年，
你凶险的激流中仍裹挟着惊涛骇浪，
我精疲力竭地守护希望之光，
力争随时挖掘到你所蕴含的生命的宝藏！

2015.2.11

岁月之花

岁月之花，
岁月之果，

交错重复，无昼无夜！
我在岁月的花果中沉醉，
生活充实，心情怡悦！
岁月既是耕耘的良田，
岁月亦是收获的季节，
只要对人生热烈追求，充满挚爱，
生命之花就会结出硕果！

2015.3.2

新的一天就是成长

新的一天就是成长，
新的一天就是希望。
是所有世人的梦与理想，
是你生命之爱的无穷宝藏！
你为它树立信仰和虔诚，
你就是有为人生的依傍。
那些为人类文明献身的人，
会沐浴到岁月的永恒之光！

2015.3.23

你有你的世界

你有你的世界，
我有我的世界！
你的世界是真善美掌管，
我的世界也不是假恶丑主宰！
我们都生而为人，
而且又活在同一个时代，
你的世界充满了友爱的温馨，
我的世界自然也弥漫着和善与博爱的迷人风采！

2015.5.23

你的今天是我的明天

你的今天是我的明天，
我的明天又是他的今天，
这人间看似命运互不相关的世人，
彼此的人生却相互昭示着祸福、美善！
人人都走着坎坷、曲折的世路，

升沉喜忧又考验着每一生者的才情、肝胆，
岁月之流波涛汹涌，
朝朝暮暮歌哭无限！

2015.6.5

残喘的岁月

残喘的岁月，挣扎的岁月，
灵魂的圣殿，生命的依托！
老朽的形象，痛苦的挣扎，
守卫着生命的尊严，灵魂的圣火！

2015.6.13

记梦

高山之巅，上接云天，
山巅奇景，高不可攀！
山体无路，山山相连，
广漠无边，视野有限！

虽是梦境，怡然坦然，
人生境界，仰望高远！

2015.7.23

每一篇文，每一首诗

每一篇文，每一首诗，
都有它的存在价值！
它孕育于思想，诞生于灵感，
展示着文明历史的瑰奇！
随着生命的年秩的增长，
精神开拓没有穷极，
时代进化的永恒的生命力，
书写着人类智能的辉煌业绩！

2015.8.2

希望何在

希望何在？

——在前方！
前方就是爱的指引、善的张扬，
美的追求、真的光亮；
就是新的开拓、进取，
未来岁月的前途无量，
自然运化的奇幻莫测，
人世代谢的此消彼长，
主客观世界的运化无穷，
生命与人世共担时代沧桑！
希望何在？
——在前方！

2015.8.21

迈步走路

迈步走路，
一只脚抬起，一只脚落地，
这是天、地、人三者合作，
完成人类生活与进化的人间史诗！
诗的旋律充盈生命，
心脏的跳动可作理喻。
诗人的特质亦圣亦哲，

他曾被世人称为先知！

2015.9.12

小孩跌跤才会走路

小孩跌跤才会走路，
有了饥渴才去用饭。
需求开拓着生存空间，
欲望昭示潜能无限！
上升的高度就是风险，
下落总有无底深渊。
只要维持生命的存在，
必须时刻警惕防患于未然。

2015.9.28

生命

生命——
为历史长空填一份光明！

就像大地上开出鲜花，
就像夜空中增一颗明星！
面对人世的无尽灾难，
人的至宝是保有清醒，
清醒中就有理想前程，
世界也多了和平与平衡！

2015.10.2

夜的宁静，夜的和平

夜的宁静，夜的和平，
稀释病累，孕育新生。
使我感知博爱，接近神圣，
重塑受戕的奋争的魂灵！
慈祥而宽厚的深沉的夜啊，
中华民族的再生的救星。
我在你博大而深邃的怀中，
得到拯救，活得虔诚！

2015.10.10

生命的支柱就是生的担当

生命的支柱就是生的担当！
为人之子要尽孝，
为国之民要尽忠，
为业之兴要尽职，
为人类文明要奋发向上！
一生做人的完美形象，
要思想充实，性行坦荡，
小我大我的人格塑造，
都需要谦恭谨慎，不得坠入邪恶、愚妄！

2015.10.12

每一个白昼

每一个白昼，
都是生命的诗篇！
越到老年，
越感到白昼的光明和温暖！

睿智的长者对时代、人物写出的判词，做出的定案，
支柱着中华民族的苍天！
在反省的长夜里得到拯救，
又在奋进的长昼中有了启引和慰勉，
背负崇高人生使命的清醒忧国精英们，
就在相互砥砺中使人类文明得到发展！

2015.10.16

活在人间

活在人间，
写不尽美好的诗篇。
看不完迷人的景观，
如果你怀有崇高理想，
身边也不缺有为的伙伴！
什么事物不存有正反两面？
人生也有忧苦和灾患！
那是另一个富含宝藏的奇诡世界，
能塑造人的绝俗超凡！

2015.10.16

谨慎小心，时刻警惕

谨慎小心，时刻警惕，
这是老年人护生主旨。
行动不慎一个跌跤，
生命可能因此丧失！
精神支柱同样脆弱，
祸端会因失语引起，
一旦失去心态平衡，
便没有了“宁静致远”的福祉！
啊，“风烛残年”并不是戏词，
这是古人留的血的警示！

2015.10.18

清醒

清醒，
是一方良田。
你要在这一方田土上经营，

希望的种子要精心拣选！
一旦把种子播入土中，
良田上的神奇就会出现。
它要与你的生命荣辱与共，
最终成就为人形象的荣耀和尊严！

2015.10.20

最美的时间是“此刻”

最美的时间就是“此刻”，
“此刻”是你生命的宝座！
即使你正经受着痛苦的折磨，
即使你在遭遇恐怖的威胁，
即使你正用气功拯救生命，
即使你是在生死线上拼搏！
是“此刻”保送你迎来下一刻生命，
谁不在“此刻”把握生活！

2015.10.25

人人都可在人生路上建功立业

人人都可在人生路上建功立业，
世上的创业之路无穷无尽。
如果你感到活得平庸、无聊或苦闷，
那是你性行懒惰、不思上进！
如果你不是残疾人，
可走、可跳、可舞、可奔！
再加上你的智慧和双手，
更可以上天、下地、悟道、通神！
我们的祖宗与先人，
把人世建设得万象纷呈、五彩缤纷，
只要你善于挖掘和发挥自我的天赋才情，
人类文明进化的征途上就会留有你的脚印。

2015.11.7

亲情、友情是精神瑰宝

亲情、友情是精神瑰宝，

捍卫爱憎也是精神瑰宝。
由喜怒哀乐组成的人生，
一代代把人的形象塑造。
中华民族走到今天，
能无愧于永恒之光的照耀。
人的趋善如流本性，
也在拥戴民族的名誉与自豪！

2015.11.12

时间有限

时间有限，
同时也无限！
有限是制约和激励，
无限是慰勉！
人的生命千古不朽，
或不过百年，
自然人算不如天算，
无愧于人生者
——活好当前！

2015.11.15

新的一天是新的生活

新的一天是新的生活，
是生路的新的上升与跋涉！
它永远是艰难的自救之路，
同行的伙伴有无数新的明哲！
你所看到的纷纭世象，
无不关系到奖善惩恶，
这是人类昨天的继续，
也是努力准备明天的探索与开拓！

2015.12.10

人生之路虽然漫长

人生之路虽然漫长，
但生命有为全在于把握眼前的瞬息。
这种把握的日积月累，
才能成就一生的辉煌业绩！
古人说的“业成于勤，荒于嬉”，

是警告人：不要荒废时日。
一个有为的大写的人，
跋涉必然与时代同步！

2016.1.4

人世间滋养生命的资源无穷无尽

人世间滋养生命的资源无穷无尽，
不只是阳光，不只是空气，
不只是亲情、友情和先圣先贤的辉煌业绩。
还有时间的过去、现在和未来，
以及空间的千秋永存的无穷现实存在的内涵和奥秘！
自然是给人的生命划了生死之限，
但文明史又把这个界限消去，
使生命本身变成永远存在的滋养世上万有的资源，
因而也使宇宙万有的蓄养资源富藏与生机，
永留人世！

2016.1.14

生命

生命，
自主就有指路神明！
失去自主清醒的人，
命运中可能没有救星！
自主之路资源丰厚，
天赋性灵不分醒梦，
人生是一本读不完的大书，
怎样读也可读到“新生”！

2016.3.28

优秀人物

优秀人物，遍布各地，
国灾民难中，他们是支柱！
时代英杰，立地顶天，
苍天不坠，日月高悬！

2016.4.11

理解他人是一件法宝

理解他人是一件法宝，
把握到它，
做人就会大度、厚道，
交往领域不断扩展，
为人志趣富涵雄豪。
眼前境域宽阔、明亮，
思想境界步步登高，
随时随地减少困扰，
处世为人有“智者”开导！

2016.5.25

人生之路有两条

人生之路有两条，
一条现实，一条理想！
理想之路是思想智慧之路，
它与神圣而永恒的文明接壤。

两条路都有圣洁之光，
都有芸芸众生，与你碰撞，与你斗智，与你争锋，
有劲敌威胁你的不屈不挠，坚贞向上！
啊，理想之路是生命的信仰之路啊，
前进中它有永不消逝的希望！

2016.6.14